바울의 정치적 종말론

Politische Eschatologie nach Paulus:
Badiou-Agamben-Žižek-Santner
by Dominik Finkelde

Copyright ⓒ Verlag Turia+Kant, 2007, 2009

Korean Translation Copyright ⓒ b-Books, 2015

Korean edition is published by arrangement with Verlag Turia+Kant through Guy Hong Agency. All rights reserved.

이 책의 한국어판 저작권은 기홍에이전시를 통해 Verlag Turia₁Kant와의 독점 계약으로 도서출판 b에 있습니다. 저작권법에 의해 한국 내에서 보호를 받는 저작물이므로 무단전재와 무단복제를 금합니다.

바울의 정치적 종말론

Politische Eschatologie nach Paulus

── 바디우/아감벤/지젝/샌트너

도미니크 핀켈데 | 오진석 옮김

도서출판 b

| 일러두기 |

1. 이 책은 Dominik Finkelde, *Politische Eschatologie nach Paulus. Badiou-Agamben-Žižek-Santner*, Wien 2007/2009를 완역한 것이다.
2. 본문에서 소괄호( )로 묶은 것과 한글 고딕체로 옮긴 것이나 이탤릭체의 원문, 그리고 진하게 하여 강조한 것들은 모두 다 지은이에 의한 것이지만, 대괄호[ ]로 묶은 것은 옮긴이의 것으로 대체할 수 있는 번역어이거나 설명하는 말이다. 다만 본문 중 지은이가 인용하고 있는 문장 가운데에 있는 대괄호로 묶어 삽입한 말줄임표나 낱말들은 저자에 의한 것이다.
3. 미주는 지은이의 것이다.

| 차 례 |

들어가는 말 · 9

Ⅰ. 알랭 바디우

수학적 존재론과 종교적 경험 ································ 23
집합론의 (신-)논리 ··· 28
주관적 경험으로서 바울의 보편주의 ···················· 35
마르키온 또는 바울? ·· 45

Ⅱ. 조르조 아감벤

바울에게서의 유대교적 메시아주의 ······················ 55
바디우에 대한 아감벤의 비판 ································ 61
귀스타브 기욤에 따른 메시아적 시간 ·················· 66

바울과 『호모 사케르』 75
고통의 아이콘으로서 '무젤만' 79
법률과 판결에 반대하는 바울과 더불어 86
도래하는 공동체, 하나의 인형극? 96

III. 슬라보예 지젝

그리스도교의 전투적 태도에 대한 변론을 위하여 103
아감벤에 대한 지젝의 비판: 보편적인 것과 잔여 108
아브라함-이삭과 신앙의 역설 116
주체의 파국적 잠재력 122
반-종교로서의 그리스도교 127

IV. 에릭 샌트너

유대교적 메시아주의와 정신분석적 담론 135
상징적 질서의 침입으로서의 계시 137
카프카, 바울 그리고 법률의 과잉 148

결론적 고찰 · 165

미주 · 171

옮긴이 후기 · 211

누군가 최후 심판에 대해 믿음으로써 자신의 삶을 위한 이 지침을 만들었다고 해보자. 그가 무언가를 할 때마다 이 지침은 그의 마음mind 앞에 존재한다. 어떤 면에서, 그리고 어떻게 우리는 그가 이 일이 일어날 것이라 믿는다고 말할지의 여부를 알 수 있는가?

그에게 묻는 것으로는 충분치 않다. 그는 아마도 증거를 가지고 있다고 말할 것이다. 그러나 그는 당신이 흔들리지 않는 믿음이라 불러도 될 것을 지니고 있다. 그것은 추론에 의해서나 믿음의 통상적 근거들에 대한 호소에 의해서가 아니라, 오히려 그의 삶 속의 모든 것에 대한 규제에 의해 나타날 것이다.

— 루트비히 비트겐슈타인

지오반니 파올로 파니니, <한 사도의 설교*Predica di un Apostolo*>(1744)

들어가는 말

현대 정치철학에서의 바울[1]

지오반니 파올로 파니니Giovanni Paolo Panini의 '한 사도의 설교'라는 그림은 아감벤Agamben, 바디우Badiou, 샌트너Santner 그리고 지젝Žižek의 바울-독해가 다루고 있는 것을 보여준다. 그것은 사도[바울] 신학의 정치적-철학적 차원에 대한 물음이다. 여기서 우리는 이 물음을 추적할 것이다. 이때 우리에게는 그 그림의 예술사적 맥락에 대해서도 관심이 없고, 또한 낭만적으로 미화된 감정으로서 "삶의 덧없음"[2]을 연출하는 18세기 회화에서의 인기 있는 모티프로서의 폐허들을 파니니가 다룬다는 것에 대해서도 관심이 없다. 여기서 우리의 관심을 끄는 것은 그 그림이 하나의 역설적 관계망 속에서 연출하고 있는, 그리고 그 그림이 이 책의 문제제기들에 대한 상징적 안내가 되도록 하는 상이한 여러 시간층위들을 그가 다루고 있다는 점이다.

게오르크 짐멜Georg Simmel은 무엇이 근본적으로 폐허들을 흥미롭게 만드는지를 다음과 같이 표현한다. 즉 "폐허의 매력"은 그 폐허가 "인간의 작품을 [……] 하나의 자연산물처럼"[3] 경험할 수 있게 해주는 곳에 놓여 있다고 그는 말한다. 폐허들은 하나의 경계영역을 서술한다. 그 폐허들은 '순수한' 예술 작품이 아니다. 왜냐하면 폐허들의 원래 형태들은 붕괴되었고 부분적으로는 상실되었기 때문이다. 그러나 그 폐허들은 또한 단순히 하나의 자연사적 붕괴의 표현만도 아니다. 왜냐하면 예술가의 본래 의도가 그 폐허들 속에서 여전히 경험될 수 있기 때문이다. 그래서 어떤 의미에서 폐허는 역사 또는 역사성 자체에 대한 하나의 은유이다. 폐허는 자신의 고유한 현상 속에 있는 역사의 한 형태이다. 우리가 폐허로부터 맨 처음 인식하는 것은 시간이 흘러갔다는 사실이다. 말하자면 그 폐허가 연출하는 것은 역사적 간격이다. 이 간격이 우리에게 드러나고, 동시에 고찰의 한 대상이 된다.

지금 우리에게 파니니의 바울은 폐허들 가운데에 서 있는 것으로 묘사된다. 그러나 여기서 중요한 것은 바울 자신이 로마에서 선교하던 시기(58-64년경) 동안에 마주쳤을 수도 있을 폐허들에 관한 문제가 아니다. 왜냐하면 영원한 도시 로마는 1세기 때 한창 번영하고 있었기 때문이다. 말하자면 로마는 세계의 수도caput mundi로서 유럽의 문화적 정치적 권력의 중심이었다. 따라서 그 그림은 어떠한 역사적 장면도 재현하지 않는다. 그 그림은 하나의 역사적 장면(선교 중의 바울)을 이 장면에 대해 역사화하는 우리의 돌이켜봄과 서로 뒤섞어 반사시킨다. 그와 더불어 파니니는 바울의 정치신학에서의 "지금 이때"에 대한 신학적 차원을 과거와 현재 그리고 미래 사이의 연대기적 순서가 식별되지 않고, 오히려 상이한 여러 시간층위들이 — 아감벤이 발터 벤야민Walter Benjamin과 관련하여 말하는 것처럼 — 묵시록적으로 한꺼번에 몰려드는 시간으로 표현한다. 그래서 여기 중심에 서 있는 바울-독해들을 위해 중요한 점은 파니니의 바울이 고대의 한 장면 속에서 동시에 그의 종말론Eschatologie, 즉 최후의 일들에 관한 교설이 우리의 시간지평 속에 있도록 하는 자로서 우리와 만난다는 점이다. 전-과거(그리스 문화)와 과거(로마 문화 속에서의 바울의 시기) 그리고 우리가 역사화하는 그 과거의 재현 사이에 있는 역사적 간격의 단락은 환유적으로 표현되는 것이 아니라, 그 자체로 회화적 재현의 중심이 된다. 영원한 도시이자 제국의 권력 중심부인 로마는 "시대의 끝이 도래했다"(고린도전서 10장 11절)고 선포하는 "이방인의 사도"(로마서 11장 13절)와 함께 폐허 속에 있다. 영원한 회귀의 순환으로서의 시간은 그리스 신화와 철학을 특징지었듯이 일단락된 것으로 보인다. 시간의 수레바퀴 속에서 더 이상 불굴의 약진은 없다. 왜냐하면 그 시간은 종말Eschaton에 의해, 다른 말로 창조의 완성에 대한 희망에 의해 건드려졌고 가장 강력한 제국마저도 그 절정 앞에서 파괴시키기 때문이다. 선교

활동 중의 바울을 둘러싸고 있는 건물-잔재들은 "시대의 끝"이 언제나 모든 진보에 이미 선행한다는 것을 보여 준다. 그렇게 파니니는 시간을 바울 신학의 중심에서는 더 이상 곧바로 헤아려질 수 없는 어떤 무엇으로, 그리고 로마에 대해서는 순환적 시간이라는 신화적-이교적인 로마의 영원성이 박탈되도록 하는 어떤 무엇으로 연출한다. 파니니의 관점에서 현재는 오래전에 지나간 것의 현상이 된다. 도시국가로서 로마는 이미 오래전에 그리스도 예수 안에 있는 그리스도교적-바울적 탈-존Ex-sistenz에 의해 정복당해 있다.

파니니의 그림은 바디우, 아감벤, 지젝 그리고 샌트너의 해석들 속에서 계속해서 새로운 형식과 개념구상적 형태로 함의하게 될 것을 보여 준다. 그것은 마지막 때로서의 메시아적 시간을 말하는데, 그 시간은 하나의 신봉되는 묵시록 형식 속에 있는 모든 시간들의 종말을 의미하지 않고, '남아 있는 시간'을 최후의 심판과 가장 평범한 일상의 삼투되어 있음으로 이해하는 시간을 말한다.

그래서 여기 소개된 바울의 철학적-정치적 유산을 둘러싼 논쟁의 중심에는 또한 그리스도교적 또는 바울적 주체에 대한 물음이 있다. 그리스도 안으로의 탈-존으로서 이 주체는 어떻게 이해될 수 있는가? 왜 파니니에게서 바울은 다른 모든 이들이 그에게 기울이고 있는 반면에 거의 유일하게 곧추 선 모습으로 있는가? 왜 그는 늙어 있지만, 그를 둘러싼 건물들처럼 쇠약하지는 않은가? 바디우는 바울의 예에서 근본적radikalen 주체[주관]성에 대한 자신의 이론을 전개할 것이고, 지젝은 그에게서 그의 공동체들을 시간의 존재-지평 속에 있는 빈자리로 한데 모으는 최초의 역사적 유물론자를 볼 것이다. 그렇지만 특히 여기 분석된 독해들에서 눈에 띄는 것은 모든 저자들이 바울 신학을 하나의 순수한 내재적 이론으로서 전개한다는 점이다. 하나의 수직적 관점 ― 말하자면 바르트Barth, 불트만Bultmann, 타우베스Taubes 등등에 의한 20세기의 해석들이 특징지은 것 같은 신적 초월에 맞춰진 관점 ― 은 수평적 관점에 굴복한다. 초월은 기껏해야 순수한 내재의 통찰 불가능성에 대한 은유이다. 그러나 그 은유는 피안에 대한 모든 연관을 상실했다. 그 은유는 더 이상 우리의 현상적 세계의 '충족이유'[충분근거]로서의 신적 영역을 가리키는 것이 아니라 현상들 자체의 관계들에서의 복잡한 무한성을 가리킨다. 비록 이 관점이 그리스도교-신학적 시각에서는 낯선 느낌을 준다 해도 ― 결국 바울이 신 없이는 약간 밋밋하게 서 있는 한 종교의 정초자라 해도 ― 그 관점은 신앙으로의 키르케고르식 "비약"이 불가능한 저 저자들의 사유방식들에 관련되어 있다. 그렇지만 그들의 사유방식이 비약들을 제시한다는 점과 이 저자들이 '궁리'할 때 여기 내재에서와 저기 초월의 미명지대twilight zone 사이에서 동요한다는 점을 보여주는 일이 이 작업의 관심사들 중 하나이다.

그 다음의 한 관심사는 이러한 바울에 대한 논쟁 또는 논의를 21세기 초의 정치철학에 대한 새로운 규정으로 이해하는 일이다.

바울적 보편주의의 올바른 해석에 대한 물음은 이와 관련한 저자들의 독해들에서 계속해서 중심적 의미를 지닌다. 그래서 이들이 [바울]서신들에 몰두하고 있는 이유는 어떻게 사도 바울이 자신의 보편주의를 근거 짓는지, 그리고 어떻게 그가 유대 민족의 시나이-약속의 배타적 계시를 "모든 민족들"(로마서 1장 5절)을 위한 구원론으로 만드는지를 또한 그들이 이해해 보려고 하기 때문이기도 하다. 보편주의가 종종 문화적 차이에 대한 위협으로 보이도록 하고 소위 가치상실과 포스트모던적 상대주의 그리고 자본주의적 시장경제 같은 구호를 통해 각인되어 있는 글로벌화 시대에 있어 그러한 물음은 관심을 끄는 물음이다. 마찬가지로 이러한 맥락에서 정치적 행위자로서의 주체에 대한 물음이 보편적 가치들에 대한 논쟁 가운데에 제기된다. 정치적 질서에 대립하는 그리스도교적 주체에 대한 바울의 이해는 국가권력과 생명정치Biopolitik 그리고 경제의 소외시키는 메커니즘들에 맞선 이의제기처럼 작용한다. 그래서 저자들에게 바울은 또한 차이-철학과 타자성 그리고 해체와 같은 개념들 하에 지난 세기를 지배한 철학적 입장들에 해당하는 주체개념을 둘러싼 논쟁 속에서 보증인으로서 이용된다. 오늘날 그 철학적 입장들은 이 작업이 보여주듯이 새롭게 논의되고 새로운 결과들에로 우리를 인도한다. 그때 아감벤과 샌트너는 그들의 바울-독해에 있어 차이-철학의 전통에 가까이 서 있다. 그들은 바울이 주체의 동일[정체]성을 곧바로 비-동일[정체]성으로 생각하려 한다는 점과 그의 신학이 서양 존재론의 사유

전형에 대한 이의제기라는 점을 강조한다. 반면에 지젝과 바디우는 바울에게서 그의 서신들이 차이-철학의 이 전통에 반대하는 것으로 읽힐 수 있게 해주는 한 정치신학자를 본다. 그들은 바울에게서 (동일성사유에 대립하는) "타자성"의 선포자가 아니라 강력한 주체-개념의 대표자를 본다. 바울 자신이 보증하는 "그리스도교적 주체"는 문화적으로 제약된 진실관계들을 들여다봄에 의해 자신을 제지시키지 않고, 오히려 파국적 개별행위에 대한 잠재력Potential으로 인해 자신을 정치적 행동가이자 유일하고 상대화될 수 없는 진리의 선포자로 이해한다. 그렇게 바울은 지젝과 바디우에게는 "거대 담론들"(리오타르Lyotard)이 이데올로기적-전체주의적인 것으로서 폐기되고 동시에 널리 퍼진 냉소주의Zynismus가 서구 민주국가들 속에서의 정치적 논쟁에 대한 판정을 특징짓고 있는 시대에 필요한 근본[급진]적인 정치적 주체의 선전가로 나타난다. 특히 바울이 '그리스도 안의 삶'으로 이해하는 보편주의와 이때 보편적인 것과 개별[단독]적인 것Singulrärem의 관계가 어떻게 분절되는지의 방식과 방법은 계속해서 논쟁의 중심에 있을 것이다. 유대교적 율법에 대한 바울의 비판도 이 맥락에 속한다. 여기서 율법개념은 종종 유대교적-그리스도교적 맥락으로부터 분리되어 저자들에 의해 법률구조들 및 권력구조들의 더 넓은 맥락 속에 놓이게 된다. 신학적인 신앙물음의 재구성이 아니라, 현재의 정치적 물음들 속에 있는 신학적 함축들이 전면에 서 있게 된다. 이 함축들은 "거대 담론들"의 끝에서, 하지만 또한 "거대 담론들"에 대한 비판의 끝에서 주체에 대한 하나의 새로운 이해를 탐색하는 일에 해당한다.

다음의 장들에서 1세기의 팔레스타인-헬레니즘적 유대교에서의 바울 신학에 대한 역사적 재구성에 관한 문제는 다루어지지 않는다. 그 대신에 이 책은 역설적인 관련들, 보다 정확히 말하자면 복합적인 이념사적 관련들을 펼쳐 보이는 일에 전념한다. 이는 바울연구가 획득한 인식들과 조율하는 문제가 아니다. 그것은 바울과 그의 서신들에 대한 우리의 철학적-정치적 질문들 사이의 "은밀한 만남"(벤야민)을 보여주는 문제이다. 저자들의 논변들은 이렇게 매우 상이한, 그렇지만 우리의 시대를 그 핵심에서 만나게 하는 물음들에 따라 비판적으로 분석되어야 하고, 어디에서 그리고 어떤 철학적 논변들을 가지고 그들이 각기 그들의 같은 편 논쟁자들의 입장들에 조정이나 제한을 통해 관계하는지 제시되어야 한다. 이 작업은 이러한 논의에서의 '최후의 말'이 아니다. 그 말은 이 작업의 요구를 넘어가는 일일 것이다. 이 작업은 독자의 관심을 일깨우고자 하며 다뤄지는 주제들의 더 나아간 심화를 위해 고무시키고자 한다.

이제 저자들을 소개해 보자. 첫 번째 자리에는 알랭 바디우 Alain Badiou가 언급될 수 있다. 그는 "새로운 차이들, 새로운 특수성들에 대한 추구"에 기초하여 "사건의 (유대교적) 지점"[4] 너머의 한 영역으로 밀고 나가는 바울에게서 하나의 보편주의를 발견한다. 그는 바울에게서 바로 근본적이고 주관적인 내면성으로부터 민족적이며 종교적이고 정치적인 경계들을 무시하는 하나의 보편주의적 진리론의 창시자를 본다. 바울에게 사건 속에 은폐된 보편적인 것은 바울을 그리스도교적 주체로 만들면서 동시에 그에게 이 사건에 대해 전파하도록 요구하는 것으로서의 그리스도의 부활이었다. 바디우에게는 그리스도교의 "우화"Fabel가 아니라 오로지 바울의 주체적 제스처만이 중요하다. 진리는 하나의 특수한 사회문화적 환경의 효과로서 해석되지 않고, 오히려 바울이 그리스도교를 유대인과 그리스인의 비-차이의 표현으로 보는 곳에서의 보편성에 대한 요구에 의해 규정된다.

그에 반해 조르조 아감벤Giorgio Agamben은 "나눔의 나눔"이라는 개념구상을 가지고 하나의 "메시아주의적 잔여"를 구성하면서 모든 보편주의에 저항하는 명백히 유대교적인 바울을 주장한다. 그래서 그의 책은 분명히 바디우에 반대하고 있다. 아감벤은 이 프랑스 철학자에 대해 바울의 서신들 속에 있는 메시아주의라는 유대교적 전통을 무시했다고 비판하는데, 이는 그러한 전통 속에서 바울이 바로 지속적인 분할[나눔]들이라는 구조적 동기Strukturmotiv를 통해 초월적 보편의 모든 요구를 파묻어 버리고 있다는 것이다. 그래서 바울은 —— 아감벤에 따르면 —— 새로운 그리스도교적 동일[정체]성과 새로운 소명[부름받음]을 통해 규정되는 하나의 보편적 종교를 정초하는 것이 아니라, 오히려 모든 동일[정체]성과 모든 소명 자체를 무효로 선언한다. 마찬가지로 바울은 옛 율법[구약]을 폐기하지 않고 오히려 그 율법을 엄격한 율법의 경계들 너머에 놓여 있는 사용을 위해 확장한다. 바울에 의해 전파된 예수 그리스도에 대한 신앙은 메시아에 대한 신앙이다. 에밀 벤베니스트Émile Benveniste의 상론들에 따르면 "메시아"는 하나의 성姓처럼 "예수라는 주어에 붙여질 수 있을 술어가 아니다." 오히려 그리스도라는 말은 "[······] 분리될 수는 없지만, 그렇다고 해서 하나의 고유명을 이루지도 않는"[5] 명사구에 속한다.* 그래서 바울에 의해 기술된 "그리스도 안의" 실존은 또한 아감벤에게는 메시아주의적 실존이기도 하다.

반면에 슬라보예 지젝Slavoj Žižek은 바울로부터 유래하는, 십자가 위에서의 그리스도의 자기포기를 의미하는 케노세Kenose**라는 개념을 적절히 가공하여 이 개념을 유대교적 메시아주의에

---

* [옮긴이] 히브리어(정확히는 아람어) 메시아məšiah는 '기름부음 받은 자'라는 뜻으로서 신에 의해 선택되고 신의 권한을 위임받은 인물, 즉 왕이나 대제사장 또는 선지자에게 붙여지는 말이며, 유대교에서는 통상적으로 이스라엘 민족을 구원할 자, 즉 구세주를 가리킨다. 이 말에 대한 동일한 의미의 그리스어 번역이 그리스도christós이다. 따라서 직함과 같이 어떤 한 인물을 호칭하는 이 두 낱말은 유럽어의 통상적 사용법으로는 해당하는 이름의 앞에 위치해야 한다. 그런데 '그리스도'란 말은 문법적으로 예수라는 이름을 뒤에서 계사 없이 설명하는 동격의 명사구임에도 불구하고 마치 하나의 성처럼 사용되고 있다는 것이다. 이러한 명사구의 철학적 의미에 대한 설명은 미주 5번에서 안내하는 국역본을 참조할 것.
** [옮긴이] 케노세는 그리스어 케노시스κένωσις에서 온 말이다. 이 케노시스는 바울이 빌립보 서신 2장 7절에서 사용한 '비우다' 또는 '포기하다'라는 뜻의 동사 에케노센ἐκένωσεν의 명사형이다. 그리스도교 신학에서 이 말은 인간의 몸이 된 신(이른바 성육신成肉身)으로서 예수 그리스도의 신성포기를 의미하며, 더 나아가서는 그리스도교 신자들이 신의 뜻을 받아들이기 위해 자기를 비우는 것, 또는 자신의 의지를 포기하고 단념하는 것을 의미한다.

서 "다름" 또는 타자성이라는 포스트모던 철학의 메아리를 읽어 내는 아감벤의 해석에 대항시킨다. 그 유대교적 메시아주의 대신 에 지젝은 헤겔과 더불어 신의 성육신Inkarnation[신이 인간의 몸 이 됨]이란 신과 인간 사이의 심연[간극]을 내재적 심연으로 전 도시키는 것이고 인간이 자기 자신의 동일성을 지속할 수 없는 지점에서 인간이 신에 유사해지는 것이라고 생각한다. 그래서 지 젝에게 있어 유대교와 그리스도교 사이에 발생하는, 그리고 —— 그의 책 『인형과 난쟁이』*Die Puppe und der Zwerg*[국역본: 『죽은 신을 위하여. 기독교 비판 및 유물론과 신학의 문제』 *The Puppet and the Dwarf*, 김정아 옮김, 길, 2003]의 영어판 부제인 —— "그리 스도교의 도착적 핵심"the perverse core of Christianity을 형성하는 근본적 단절은 그리스도교 안에는 어떠한 "핵심"도 없다는 역설 속에 놓여 있다. 그래서 (아감벤과 반대로) 지젝에게 그리스도교 의 메시아적 약속은 바로 십자가상의 그리스도가 "나의 신[하나 님]이여, 나의 신이여, 왜 당신은 나를 버리십니까"(마가복음 15장 34절)라고 부르짖으며 전능한 신, 즉 "대 타자"에 대한 신앙[믿음] 을 그 반대로 뒤엎는 곳에 열리는 하나의 빈자리이다. 그래서 지 젝의 독해 속에서 바울은, 어이없게 들릴지는 몰라도, 자신의 공 동체들을 메시아적 약속의 중심에 있는 형이상학적 빈자리로 한 데 모으고 그것을 통해 이데올로기적 세계상들 너머의 영역 안으 로 밀고 들어가는 최초의 역사적 유물론자가 된다.

지젝과 바디우의 바울-독해들에 대한 에릭 샌트너Eric Santner

의 주해들은 이 연구의 마지막 장을 이룬다. 프란츠 로젠츠바이크 Franz Rosenzweig의 신학에 대해 정신분석적으로 새긴 샌트너의 해석은 토라Thora[모세오경]의 율법과 바울의 대결을 사회적 제도들에 대한 의존성 속에서 주체를 유지하는 인간이 벌이는 욕망 구조들과의 대결로까지 확장시킨다. 의미론적 잉여를 생산하는 상징화 메커니즘들이라는, 마비시키는 권력[폭력]에 대한 샌트너의 통찰은 시선을 타자에게로 그리고 일상적 삶의 욕구들과 요구들에로 돌리기 위해 바울이 행하는 옛 율법과의 단절을 환영들의 열광적 생산과의 단절로 이해하도록 도울 것이다.

따라서 저자들이 기획하는 전경은 신학의 영역을 넘어서까지 펼쳐진다. 그러한 한에서 ── 아감벤이 정당하게 쓰고 있듯이 ── "바울의 서신들과 우리 시대 사이에 [……] 은밀한 만남"rendez-vous secret [……] entre les Epîtres de Paul et notre époque[6]이 있다. 이 "은밀한 만남"이 여기 제시된 독해들을 인도한다.

I. 알랭 바디우

Alain Badiou

수학적 존재론과 종교적 경험

알랭 바디우는 사도[바울]에 대한 논의를 야기하였다. 그래서 우리는 그의 책 『바울—보편주의의 정초』 *Paulus-Die Begründung des Universalismus*[국역본: 『사도바울. '제국'에 맞서는 보편주의의 윤리를 찾아서』, 현성환 옮김, 새물결, 2008]를 가지고 논의를 시작할 필요가 있다. 아감벤과 지젝뿐만 아니라 샌트너도 상이한 관점들과 비판적 견지에서 이러한 바디우의 작업에 연관되어 있다.

바디우의 바울-독해는 하나의 특수성을 통해 특징지어진다. 그 특수성은 바디우가 그리스도에 대한 바울 신앙의 내적 구조라고 부르는 것과 메시아-사건으로부터, 즉 사도행전에 기술된 그리스도와 바울 간의 만남(사도행전 22장 5-16절)으로부터 이끌어내는 것에 그가 집중한다는 점에 있다. 따라서 바디우는 역사적 예수로 거슬러 올라가는 그리스도교적 신앙교리의 배경에서 이뤄지는 바울 서신들에 대한 해석에는 관심이 없다. 그는 그리스도교를 하나의 "우화"라고 부른다. 그가 관심을 갖는 것은 오로지 [바울의] "회심의 사건"일 뿐이다. 이 사건은 한낱 많은 사건들 가운데 하나의 사건이 아니다. 바디우에 따르면 그 사건은 그가 80년대에 전개한 자신의 존재론Seinslehre으로부터 해석해내고 있는 하나의 독특한 구조를 숨기고 있다.

바디우는 바울서신들이 알려진 바와 같이 복음서들에 앞서, 즉 1세기의 50년대와 60년대에 생성되었다는 점을 지적하면서, 이를 자신의 해석의 근거로 삼는다. 그리고 바디우는 자신의 독해가 또한 방법적으로도 바울의 내적 관심사에 상응한다고 주장한다. 왜냐하면 사도바울은 그의 서신들 가운데 거의 어느 곳에서도 체험보고들이나 갈릴리Galiläa와 유대Judäa에서 가르치는 유랑설교자 예수의 장면들을 언급하지 않기 때문이다. 바울은 오로지 예수–그리스도, 따라서 '죽은 자들로부터 부활한' 메시아에만 관계한다. 여기서 바디우의 독해의 역점은 명백히 그 이중명칭의 **둘째 부분**[그리스도]에 놓여 있다. 말하자면 1세기의 팔레스타인에서 예언자들과 정치적 혁명가들이 회자되는 것은 드문 일이 아니었으며,[7] 죽은 자들로부터 부활한 자는 말할 것도 없다.

그러한 한에서 바디우는 새로운 아무것도 말하지 않는다. 그리스도와 역사적 예수 사이의 구별은 이미 19세기에 시작된 한 신학적 논의에로 거슬러 올라간다. 프로테스탄트 신학자 마르틴 캘러 Martin Kähler(1835-1912)는 그의 책『소위 역사적 예수와 역사적이며 성서적인 그리스도』*Der sogenannte historische Jesus und der geschichtliche, biblische Christus* (1892)에서 이 구별을 체계적 방식으로 해내며 그것을 가지고 루돌프 불트만Rudolf Bultmann의 "탈신화화" 이론을 위한 초석을 놓은 최초의 신학자들 중 한 사람이었다. 바디우는 당연히 그 점을 안다. 그러한 한에서 그의 바울-독해에 있어서는 역사적 예수와 성서적 그리스도의 올바른 관계에 대한 신학적 해명이 아니라, 오로지 바울이 그리스도의 부름을 통해 자신을 사도로 규정한다는 사실만이 결정적이다. 열두 제자들이 예수와 그들의 직접적인 접촉을 통해 **복음**, 즉 "좋은 소식"의 확산을 위해 이른바 '공동체주의적' 방식과 방법으로 사도로서 정당성을 인정받은 반면에 —— 그들은 예수와 함께 살았고 그와 토론했으며, 그의 가르침을 들었고 그의 기적들을 보았던 반면에 —— 바울은 자신을 그러한 특권에 직접 관련시킬 수 없다. 그러나 첫 눈에 하나의 흠처럼 보이는 바로 그 점이 바디우의 독해방식에서는 바울을 **전형적인***par excellence* 사도[가장 사도다운 사도]로 만든다. 오직 다마스쿠스Damaskus로 가는 길 위에서 그리스도와 그의 만남의 사건만이 그를 사도로서 정당화한다. 그때 "메시아-사건"événement du messie은 그 사건을 초래하는 그리스도의 부활 자체처럼 예기치 않게 일어난다.

그러나 "메시아-사건"을 통한 이 '정당화'는 하나의 문제를 제시하는데, 그것은 바로 그러한 사건 자체가 순전히 주관적인 것이라는 점이다. 그렇지만 또한 바디우가 자신의 해석의 토대로 삼고 있는 역설은 바로 바울이 요구하는 것이자 그리스도교적 보편주의의 토대가 되는 근본적 주관[주체]성 위에 존립한다. (제3장에서는 또한 지젝도 바울에게서의 근본적 주관[주체]성에 집중할 것이라는 점과 명백히 바디우의 이러한 생각을 넘겨받고 있다는 점을 보일 것이다.) 그래서 바울은 예수를 본래 두 가지 형태로만 알고 있다. 즉 첫째로 바울은 "베냐민Benjamin* 지파 출신"의 "바리새파Pharisäer 율법을 따르는"(빌립보서 3장 5절) 유대인으로서 자신으로 하여금 신을 모독하는 유대 종파에 대항하도록 만드는 거짓 메시아로서 예수를 알며, 둘째로 그는 자신이 다마스쿠스로 가는 길 위에서 예수와 마주쳤을 때처럼 그를 그리스도로 안다.

"[바울에게] 모든 것은 단 하나의 요점으로 귀착된다. 즉 신의 아들인 [⋯⋯] 예수가 [⋯⋯] 십자가에서 죽었고 그런 다음 부활했다는 것이 그것이다. 나머지, 즉 그 밖의 다른 모든 것은 실질적 중요성이 없다. [⋯⋯] 이 나머지(예수가 말하고

---

* [옮긴이] 구약성서에서 이스라엘 민족을 구성하는 열두 지파는 야곱의 열두 아들들에 따른 것으로 그중 막내아들이 베냐민이다. 이 책에서 언급하고 있는 발터 벤야민Benjamin의 성이 이 베냐민과 동일한 이름이긴 하나, 여기서 양자를 서로 다르게 표기한 것은 그 둘을 구별하기 위해서뿐만 아니라 우리말 성서에서 야곱의 그 막내아들을 베냐민으로 옮기고 있기 때문이다.

행한 것)는 확신의 실재가 아니라 오히려 그 확신을 방해하며 심지어 날조하는 것이라고까지 말해질 수 있다." (바디우, 『바울』, 64쪽 이하. [국역본 69쪽 참조. 본서에 인용된 독어 번역에 따라 번역 일부 수정됨])

바디우에게는 이러한 두 정체성들 사이에 어떠한 매개도 없다. "그리스도교적 주체는 그 주체가 전파하는 사건(그리스도의 부활)보다 먼저 존재하지 않는다."(같은 책, 29쪽[국역본 33쪽 참조]) 그래서 바디우는 바울을 또한 '반철학자'라고도 부르는데(같은 책, 34쪽[국역본 38쪽 참조]), 왜냐하면 바울의 보편주의 개념구상은 그가 하나의 선언 속에서 메시아-사건의 참됨을 논증적으로 해명하려고, 예컨대 역사적 예수의 윤리적-사회적 가르침을 지시하는 것을 통해 해명하려고 전혀 시도조차 하지 않는다는 점에서 중기 플라톤주의의 그리스적 지혜론Weisheitslehre에 모순되기 때문이다.[8] 보편주의의 윤리적 정초에 대한 물음은 진리-사건 자체를 고려하면 거의 의미 없게 된다. 바디우는 이 사건을 1세기의 사회문화적 세계의 존재론적 질서와의 단절로 이해한다. 이는 곧 바디우가 80년대에 기획하여 자신의 초기 저작 『존재와 사건』 *Das Sein und das Ereignis*[9]과 후기의 책 『윤리학』 *Ethik*[10]에서 표현한 자신의 존재론을 분명 재수용하고 있다는 것을 의미한다. 『존재와 사건』에서 바디우는 게오르크 칸토어Georg Cantor, 쿠르트 괴델Kurt Gödel 그리고 파울 코헨Paul Cohen의 수학적 이론들에 기대어 자신의 존재론을 근거 짓는다. 거기서 문제는 하나의 경험적이며 그 자체 현상학적인 '바닥짐'Ballast**으로부터 자유롭게 형이상학을 근거 짓는 일이다. 그때 바디우에게 수학적 집합론은 근본적 내재의 관점에서 '초월에 대한 종교적 경험'을 기술하는 대표적 패러다임 *dem Paradigma*이 된다. 이러한 것이 어떻게 가능한지와 그것이 바울의 진리사건의 해석에 대해 어떤 결과들을 갖는지는 다음 절에서 분명해질 것이다.

집합론의 (신神-)논리(Theo-)Logik

로베르트 무질Robert Musil은 『어린 퇴어레스의 혼란』*Die Verwirrungen des Zöglings Törleß*에서 어떻게 그의 소설 속 주인공이 외견상 무한한 하늘을 바라보며 깜짝 놀라 몸을 돌리는지를 다음과 같이 기술한다.

"바로 그의 위에서 하나의 작고 푸르며 말할 수 없이 깊은 구멍이 구름들 사이로 빛났다. [······] '무한!' 퇴어레스는 그 낱말을 수학수업에서 알았다. 그런데 저기 저 하늘에서

** [옮긴이] 선박의 균형을 잡기 위해 배의 밑바닥에 싣는 짐을 말한다. 현대의 선박에서는 이 바닥짐 대신에 일정량의 바닷물이 배 밑바닥에 담겨지는 것으로서 소위 '평형수'가 선박의 무게중심을 이루고 균형을 잡는다.

그 무한은 그의 위에 살아 있었고 그를 위협하였고 조롱하였다."[11]

여기서 ── 칸트가 무한을 자신의 『숭고에 대한 분석론』*Analytik des Erhabenen*에서 설명하는 것처럼 ── 위력적으로 작용하는 자연의 인상에 맞서 이성의 이념들을 통해 내적으로 고양되는 대신에, 퇴어레스는 무한함에 의해 "조롱받는" 것처럼 느낀다. 특히 다음과 같은 철학의 두 고전적인 물음들이 이러한 조우 뒤의 그를 괴롭힌다. 즉 "무한한"은 얼마나 큰가? 그리고 수학적 대상들에 있어 "실존하다"*existieren*는 무엇을 말하는가? 이 두 물음들은 19세기의 수학에서 게오르크 칸토어를 통해 바울적 "진리"-사건에 대한 바디우의 이해 ── 하나의 순수한 내재적 크기[양]*Größe*로서의 이해 ── 를 위해 중요한 대답들을 경험했었다. 그래서 이 절에서는 바울의 진리사건에 대한 바디우의 해석에서의 칸토어적 유산이 집합론에 대한 잠깐의 일별을 통해 더 자세히 해명되어야 할 것이다. 말했듯이 물론 그 진리사건이 순수하게 내재적인 진리 경험이라 할지라도, 바디우는 종교적인 그 진리경험의 도구일체를 그 집합론으로부터 다듬어낸다.[12]

게오르크 칸토어는 19세기 말에 무한한 또는 유한을 넘어가는 [초한적]*transfiniten* 집합에 대한 자신의 이론으로 수학의 새로운 영역을 열었으며, 그러한 한에서 그는 이 무한집합을 이전에는 "유한한"이라는 속성으로 이해한 세계의 한 차원으로 만들었다.

그렇게 그는 무한이라는 어떤 비종별적unspezifischen 집합개념으로부터 무한함들의 구분된 다수를 펼쳐 보였고 그 다수를 자신의 수학적 이론의 대상으로 삼았다. 칸토어는 19세기의 70년대와 80년대에 무한히 많은 단위[원소]들을 가진 집합들(수집합들, 점집합들)을 연구했었다. 그때 그는 무한 가운데에서도 구분 가능성들이 있다는 인식에 이르렀다. 그렇게 수들의 연속(실수들의 집합)은 불가산적으로 무한하고 그와 더불어 ─ 칸토어가 일컫듯이 ─ 가산적으로 무한한 자연수들의 집합보다 "더 큰 밀도Mächtigkeit"를 지닌다. 그래서 무한에는 최소한 두 가지 층위가 있다.

  칸토어의 이론 이전에 유한함과 무한함은 현세적-유한한 영역과 초현세적 또는 '신적'-무한한 영역 사이의 긴장 속에 놓여 있었다. 그리고 그렇게 우리에게 그 두 차원은 오늘날도 여전히 우리를 둘러싸고 있는 것들과의 일상적 관계 속에서 드러난다. 우리가 관계하는 모든 것은 우리에게 유한한 것으로 나타난다. 물론 우리 자신의 삶도 본질적으로 우리 자신의 유한함, 즉 우리의 죽음에 대한 염려Sorge를 통해 특징지어진다. 만약 무한이 실존한다면, ─ 직관적으로 말해 보자면 ─ 유한함에 의해 특징지어진 여기 우리를 둘러싸고 있는 세계에서는 아니다. 그렇지만 칸토어는 자신의 집합론을 가지고 유한한 세계와 무한한, 즉 거의 신적인 무한함의 세계라는 이 대립하고 있는 두 영역 사이에 가교架橋를 확립한다. 그래서 그의 집합론은 정확히 이 무한함에 대한 하나의 세속화를 제공하고, 바디우에게는 이 지점에 그 집합론의 가치가 놓여 있다.

"데데킨트Dedekind는 집합의 개념과 관련하여 다음과 같이 표명하였다. 즉 그는 집합을 전적으로 특정한bestimmte 사물들을 담고 있는 닫힌 자루처럼 표상했는데, 사람들은 그 사물들을 보지도 못하고 그것들이 현전하고 있고 정해져 있다는 것 외에는 그 사물들에 대해 아무것도 알지 못한다고 한다. 얼마 후에 칸토어는 집합에 대한 자신의 표상을 알려 주었다. 그는 자신의 거구를 일으켜 들어 올린 팔로 거창한 제스처를 하며 불특정한 것Unbestimmte을 향하는 시선으로 '나에게 집합은 하나의 심연처럼 표상됩니다.'라고 말하였다."[13]

칸토어는 자신의 집합론으로 무한함에 대한 단 하나의 형식, 즉 "잠재적인potentielle 무한함"만이 있다는 전통적 표상을 깨트렸다. 예를 들어 우리가 "하나, 둘, 셋, ……"처럼 자연수들을 연속해서 나열하고 "그리고-그렇게-계속un-so-fort"이라는 표현과 더불어 그 나열이 무한히 길게 계속 헤아려질 수 있다면, 우리는 이 "잠재적 무한[가무한])"을 일상에서도 사용하고 있다. "그리고-그렇게-계속"이란 표현은 잠재적인 무한함의 언어적 대응물이다. 19세기와 그 이전의 대부분의 사상가들은 단지 "잠재적 무한"의 지지자들일 뿐이었고, 그들은 확고하며 불변적인, 그렇지만 모든 유한한 크기의 너머에 놓여 있는 집적으로서 "현행적actual 무한[실무한]"의 표상을 거부하였다. 단순히 "잠재적 무한"의 대리인들에게 무한히 큰 것들은 세계 내에 존재하지 않고, 또한 실제로 실현된 대상들로 이루어진 무한집합도 없다. 이에 반해 칸토어에게 그러한 집합에 대한 의심은 없었다. 하나의 귀결은 "잠재적인 무한함"의 지지자들이 보기에 단지 유한히 많은 대상들로만 이루어지는 이 지상의 것이 퇴색한다는 것이다. 이 지상의 것은 퇴색한다. 왜냐하면 이제 칸토어와 더불어 **일차적으로는** 현세 내적인/내재적인 것으로서의 유한 너머의 것Transfinite과 **이차적으로는** 바로 이 내재적인, 말하자면 신적-형이상학적이지 않은 무한함으로부터 파생된 것으로서 우리의 일상을 규정하는 유한Finite이 현상하기 때문이다.[14] 따라서 칸토어의 집합론이 수행하는 것은 무한에 대한 하나의 세속화이다. 칸토어는 이 무한을 신적인 것의 영역으로부터 유한한 사물들의 세계로 가져와서 유한한-현세 내적인 것과 무한한-초현세적인 것 사이의 대립을 해체한다. 무한의 세속화는 예를 들어 **현존재**Dasein의 실존적 근본 조건으로서의 "죽음을 향하여 있음"Sein zum Tode이라는 하이데거의 이해를 새롭게 조명하게 되는 철학적 귀결들을 낳는다. 이는 당연히 인간의 가멸성이 의심될 수 있다는 의미에서 그렇다는 것은 아니다. 인간은 —— 하이데거가 강조하듯이 —— 자신의 현존재를 통해 줄곧 삶의 **염려**로 삼투되어 있고 실존적으로 "죽음을 향하여 있음"이라는 태도 속에서 자기 자신의 삶의 종말, 즉 그 자체로는 의미를 부정하는 것임에도 불구하고 자신의 **현존재** 속에 있는 인간에게 비로소 의미를 가능케 해주는 그런 자기 자신의 삶의 종말로 향하고 있다. 죽음은 **현존재**의 조건이며 **염려**의 작인이지 어떤 한 임의적 사건이 아니다. 그러나 하이데거로 하여금 "죽음을 향하여 있음"이라는 그의 이해를 전개하도록 해주는 유한함/가멸성은 칸토어를 통해 그것이 더 이상 현존재의 한 본질적 차원으로 분절되지 않고, 오히려 유한함이 세계-내재적 무한함의 한 예외경우로 나타나는 그 지점에서 흔들리게 된다. 그것은 실존적 층위에서 인간에게 아무런 의미도 없을지 모르지만, 이론적 층위에서 이 차이는 주목할 만하다. 세계는 더 이상 —— 현존재에 대한 하이데거의 이해에서처럼 —— 유한함을 통해 규정되지 않는다. 오히려 바디우에게서 유한함은 이전의 형이상학적 의미지평이나 또한 하이데거에 의해 구상된 "존재"에로 되돌아가지 않고 설명될 수 있을 무한한 다양성의 한 예외경우로서 우리와 만난다. 칸토어와 더불어 이제 유한은 순수하게 내재적으로 특징지어진 **무한**으로부터 파생되고, 정확히 말하자면 하나의 **우연적** 제한으로서 이해되어야만 하는 것이며, 그 반대는 아니다. 유한함은 존재의 한 본질적 속성이 아니라 특정한 상황들이 존재에 강제하는 이차적인 파생이다. 유한함은 더 이상 코스모스의 **근본전제로서**가 아니라 가능성들의 무한함 가운데에 있는 **특수경우로** 나타난다. 그래서 여전히 하이데거에게 "죽음을 향하여 있음"[15]이라는 인간 현존재의 근본조건인 것은 일차적인 내재적 무한함의 이차적인 효과가 된다. 따라서 칸토어는 무한을 초월의 주권영역으로부터 세계의 순수한 내재로 가져온다. 그럼에도 불구하고 칸토어가 독실한 가톨릭교도로서 여전히 신의 완전성이라는 개념을 재사용하면서 사유하는 것을 결국 바디우는 한 무신론(마오주의적 근원)으로부터 이론화한다.[16]

그때 바디우는 칸토어의 집합론에서뿐만 아니라 수학 일반에서 존재에 관한 학문, 이른바 존재론이 작동될 수 있게 해주는 하나의 환유적 전형을 본다. 그리고 이는 바디우에게 바로 세계가 결정되어 있다는 것을 말하지 않고 내재의 무한함으로부터 우리가 이전에는 직접 볼 수 없는 어떤 무엇이 항상 일어날 수 있다는 것을 말한다. 그렇다면 하나의 사건, 또는 신학의 용어로 말해서 하나의 기적은 더 이상 어떻게 '신의 손'이 초월의 영역으로부터 내재 안으로 들어와 작용하는지에 대한 표현이 아니며, 하나의 사건은 세계 자체의 내재적 무한함으로부터 완전히 새로운 어떤 것의 분출이다. 하나의 사건은 내재의 무한함으로부터 유한함이라는 파생된 이차적 영역 안으로 분출된다. 이것이 언제나 전적으로 바람직하지만은 않다. 왜냐하면 그러한 사건은 유한이라는 우리의 확고하게 규정된 매개변수를 흔들 수 있기 때문이다. 바울의 메시아-사건은 그러한 동요이다. 바디우에게 그 사건은 근본적으로 새로운 어떤 것이 내재의 무한함으로부터 나와서, 확립된 것과 무한함으로부터 파생된 것, 그리고 '잘 보존된 것'을 모든 수단들을 동원해 방어하려고 하는 세계 속으로 침입함을 구현한다. 그래서 바디우에게 집합론에서의 본래적으로 혁명적인 점은 그 집합론이 어떻게 규정될 수 없는 무한함으로부터 전혀 새로운 하나의 세계가 발생할 수 있는지를 우리에게 사유하도록 허용한다는 점이다.[17]

주관적 경험으로서 바울의 보편주의

바디우는 자신의 저작 『존재와 사건』에서 사건에 대한 자신의 해석을 전개한다. 제목이 시사하듯이 거기서 중심적 테제는 정역학적으로 무한히 갱신되는 개별사물들의 다양성에 상응하는 존재의 영역과 존재구조에 대립적으로 맞서 있는 사건의 영역 사이의 차이에 기인한다. 여기서 바디우는 "상태"état[국가État]라는 낱말 속에 "국가"라는 낱말의 정치적 의미가 연상적으로 함께 들리도록 하기 위해 "그 상황의 상태"état de la situation에 관해 말한다. 바디우는 존재와 사건이라는 이 두 영역의 불일치성을 주장한다. 바디우에게 사건은 그것이 발생하는 그 순간에 존재질서의 한 이물異物이다. 왜냐하면 그 사건은 "상황의 통상적 법칙들 내에 포함되어 있지 않은"(바디우, 『윤리학』, 62쪽[국역본 55쪽 참조]) 것이었기 때문이다. 사건은 기존의 질서를 뚫고 "나오고" ── "자연적으로 상황 속에서 새로운 존재방식과 행위방식을 만들어 내도록 강제하는 것"(같은 곳[국역본 55쪽 참조]) 이고 ── 결코 발단에 있어서는 미리 짐작하여 파악할 수 없는 새로운 가능성들과 대안들 그리고 실행들의 한 장場을 열어 준다.[18] 어떤 의미에서 바디우의 사건 개념은 은폐와 비은폐 사이의 충돌로서의 진리에 대한 하이데거의 존재론적 패러다임에 상응한다. 하이데거는 이 개념을 특히 『예술작품의 근원』*Der Ursprung des Kunstwerks* (1936)에서 전개한다. 그곳에서 하이데거가 [예술]작품 속에서 "세계"는 열린 장을 서술[현시]하는 것이라고 말한다면, 그가 "대지[지상]"Erde라 일컫는 것은 "본질적으로 자기를-숨기는 것"das wesenhaft Sich-verschließende을 말한다. 하나의 사건은 그것을 예술작품이 "열린 장"으로 보여 주듯이 은폐의 부정적-지평에 의해서만 드러난다. 바디우에게 사건이 튀어나오게 되는 상황 없이는 어떠한 사건도 있을 수 없는 것과 마찬가지로 하이데거에게 열림과 닫힘은 비록 그것들이 본질적으로 충돌하여 대립함에도 불구하고 결코 분리될 수 없다.

그리하여 바디우의 바울-책이 말하는 중심적 테제는 그리스도의 부활이, 즉 바울의 메시아-사건의 중심이 방금 언급한 저서에서 바디우가 전개하는 것과 같은 사건의 구조에 상응한다는 것이다.[19] 그래서 메시아-사건은 하나의 새로운 진리의 결정적 계기가 되는데, 이러한 진리는 바울의 시기에는 — 말하자면 그의 시기의 정치적 상황에서는 — 사건발생의 순간에 앞서 철학의 그리스-로마적 담론에 의해서도 유대교의 종교적 담론에 의해서도 파악될 수 없을 진리이다.[20] 그래서 메시아-사건과 더불어 어떤 자리가 만들어지는데, 그 자리는 자리 만듦의 제스처 자체로부터 생성되는 것이지 기존의 사회문화적 에피스테메[인식]로부터 생성되지는 않는다.[21] 바울의 전향[회심]은 그것의 갑작스러움 속에서 사울Saulus[바울의 옛 이름]과 바울이라는 그의 두 정체성들이 불일치하게 되는 근본[급진]성을 표시한다. 자신의 서신들을 가지고 예수의 사도로서 초기 그리스도교의 공동체들에 문안하는 바울은 베냐민 지파 출신의 예전 바리새파와는 더 이상 아무 관련이 없다. 그때 바디우에게 중심적 관점은 바울에게서의 메시아-만남의 중심에 있는 진리사건의 근본적인 자아-관련성이다.[22]

> "참된 것[……]은 그것의 원인에 따라서도 그것의 규정에 따라서도 어떤 객관적 집합으로 환원되지 않는다. [……] 관건이 되는 것은 [……] 제스처 자체의 정초하는 힘에 있어서의 그 주관적 제스처이다." (바디우, 『바울』, 13쪽 이해[국역본 18쪽 참조, 본서에 인용된 독어 번역에 따라 번역 일부 수정됨])

이 "힘"이 더더욱 놀라운 것은 바울이 이러한 자아-관련성으로부터 하나의 보편주의를 전개하고 다른 한편으로 그 보편주의는 그리스도 안에서 각각의 개별적 개체를 다른 모든 개체들과 함께 그때까지는 알지-못한 평등함 속에 세워 놓기 때문이다. 이러한 시각은 상대화될 수밖에 없다. 왜냐하면 당연히 그리스 철학도 마찬가지로 보편주의의 한 개념구상을 전개하였기 때문이다. 그렇지만 바울의 보편주의가 그리스적 보편주의에 대해 경계 긋는 바는 바로 바울이 자신을 철학자로 이해하지 않는다는 점이다. 중요한 것은 어떤 하나의 진리를 향한 의사소통적이며 변증법적인 상승에 관한 문제가 아니다. 오히려 진리는 그 자체의 직접성 속에서 이미 계시되어 있다. 그래서 그 진리는 또한 "단순한 자들과 가난한 자들 그리고 교육받지 못한 자들"에게도 이해되기 쉬울 수 있다.

메시아-사건으로부터 출발하면서 바울에게 관건이 되는 것은 확립된 제도들이 1세기의 두 지배적인 담론들을 대변하는 만큼 그 제도들에 맞서 "보편적 개별성"(같은 책, 27쪽[국역본 31쪽 참조])을 구축하는 것이다. 유대-종교적 담론이 "예언적 표징과 기적 그리고 선택받음"을 통해 신의 초월을 "자연의 총체성의 너머로서" 기술하는 "예외에 관한 담론"으로서 정의되는 반면, 그리스적 담론은 보편적이며 코스모스적인 질서의 일부로서 이해되는 철학적 지혜의 개념구상에 근거하고 있다.(같은 책, 80쪽[국역본 84쪽 참조]) 그러나 다른 한편으로 이 코스모스적 질서는 유대교적 선택받음의 중심, 말하자면 예외와 (신의 주체적 의지를 통한) 코스모스적 질서의 중지라는 생각의 중심에 놓여 있는 "예언적 표징"에 대해서는 차단되어 있다. 이에 반해 바디우는 유대교적 담론과 그리스적 담론이 각기 "지배라는 동일한 형태"의 두 측면들이며, 그런 지배의 형태에 있어서 신비한 예외("예외적 표징의 논리")는 코스모스적 총체성을 고집하는 것과 똑같이 **취약점**("실패의 지점")이라는 견해를 피력한다. 한편으로 이 두 담론들 각각은 "그것이 총체성의 직접적 지배(그리스적 지혜)에 대한 것이든 성서적 전통의 지배와 표징의 해독(유대교적 의례주의Ritualismus와 유대교적 예언)에 대한 것이든" 잠재적으로 구원에 이르는 하나의 길을 포함하고 있다. 그러나 다른 한편으로 그 담론들 모두는 보편성에 대한 어떠한 요구도 대변할 수 없을 것이다. "왜냐하면 각각은 다른 쪽의 존속을 전제하기 때문이다."(같은 책, 80쪽[국역본 84쪽 참조]) 그리스적 담론은 신적 표징(예를 들어 선택됨)과 코스모스적 세계구조에 대한 신적 개입(예를 들어 그리스도의 부활)을 사유할 수 없는 닫힌 코스모스의 표상에 결부되어 있다. 유대교는 스스로 유대 율법에 속박됨으로써, 신적 전능이 한 민족의 구체적인 선택받음 속에서 표현되듯이 이 종족의 경계들을 넘어서까지 미칠 수밖에 없을 것이고 또 그와 더불어 보편적 의미를 획득할 수밖에 없을 것이라는 인식을 거부한다.

이러한 의미에서 두 담론들은 각각 ─ 바디우가 여기서 제시하는 정신분석의 특수용어로 ─ "아버지의"(같은 책, 81쪽[국역본 85쪽 참조]) 담론이라 한다. 이 확립된 담론들은 그 담론들의 "공동체들을 코스모스, 왕국, 신 또는 율법에 대한 순종의 한 형식 속에"(같은 책, 81쪽 이하[국역본 85쪽 참조]) 고착시킨다. 그에 반해 바울은 그의 "아들의 담론"(같은 책, 82쪽[국역본 85쪽 참조]) 속에서 보편적인 것의 논리가 율법논리를 넘어서 ─ 그 논

리가 철학적으로 각인되든 종교적으로 각인되든—— 타당해야만 한다는 점을 보이려고 한다.[23]

이러한 대립으로부터 바디우는 바울에게서 곧바로 그 두 "담론들"을 서로 변증법적으로 화해시키는 사상가를 보는 것이 아니라 그 둘을 근본적으로 불충분한 것으로서 기각하는 사상가를 본다는 점이 분명해진다. 오직 이전의 존재질서와의 근본적 단절 속에서만 그 메시아-사건이 진리의 사건으로서 입증된다.[24] 그리스적 담론이 철학자에게서 그 담론의 주역배우를 보고 유대교적 담론이 그 주역배우를 예언자에게서 본다면, 결국 바울적 담론은 사도의 모습 속에서 그 주역배우를 본다. 사도는 철학적 변증법의 대가도 아니고 또한 종교적 상기想起로 인해 고무된 유대교적 전통의 한 경고자도 아니다. 사도는 자신의 소식의 진리를 그 자신이 그 소식을 전파하게 되는 계기로부터 그리고 이 전파에 대한 충실성[또는 충직성] 속에서 인식하는 자이다. 그러므로 사도의 진리가 증명하는 것은 날조될 수 있는 앎("지식은 사라진다", 고린도전서 13장 8절)이 아니라 오로지 진리사건을 따르는 **충실성** *Treue*뿐이다. 그 충실성은—— 진리체험의 확산을 위해 필연적인—— 소통 가능한 계기들을 우선은 완전히 주관적인 상태에 머물러 있는 진리-체험 속에 첨부하는 것이다.

> "사건에 충실하다는 것은 사람들이 상황을 사건에 '맞게' **생각함**으로써 이 사건에다 어떤 추가를 행하는 상황에서의

자기-움직임[자기-결단: 옮긴이]이다. [……] 사건에 대한 충실성은 그 사건이 발생한 질서 내부의 실제적(의도되고 실천된) 단절이다 [……]. 사람들은 '진리'(하나의 진리)를 하나의 사건에 대한 충실성의 실제적 과정이라 부른다. 즉 이 충실성이 상황 속에서 산출하는 그것." (바디우, 『윤리학』, 62쪽 이하[국역본 55쪽 이하 참조. 본서에 인용된 독어 번역에 따라 번역 수정됨])

그러나 기존의 담론형식들은 — 전반적으로 그 충실성이 현상으로 나타나기 전에는 — 그 진리-사건에 닿을 수 없다. "왜냐하면 그 진리-사건은 본래적 의미로 일컬어질 수 없기 때문이다."(바디우, 『바울』, 89쪽[국역본 93쪽 참조]) 여기서 신은 최고의 지혜, 즉 구체화된 정신 *nous* 이 아니라, 그런 지혜와 존재질서까지도 깨트리는 힘이다. "그리스도사건은 신은 존재의 신이 아니라는 것, 즉 그 신은 존재가 아니라는 것을 진술하도록 강요한다." 이러한 의미에서 결국 바디우는 바울이 존재-신학 Onto-Theologie 에 대한 하이데거의 비판을 앞서 수행했다고 말할 수 있다. 정확히 이 지점에서 바울의 보편주의가 기인한다. 다만 "인식하는 이성의 자리를 어리석음과 분노 그리고 나약함으로 대체하는" "한 언어의 고안"만이 신의 복잡함[난해함]에 그 복잡함을 해결하지 않고도 접근하게 한다는 것이다.(같은 책, 90쪽[국역본 94쪽 참조])[25]

"메시아-사건"은 신이 역사 속으로 직접 개입하였음을, 따라서 시간을 순간들의 균질적이고 계산 가능한 연속으로 해석할 뿐만 아니라 법률에 충실한 모든 형식(그 형식이 정치적-로마적이든 코스모스적-그리스적이든 종교적-유대교적이든)을 위한 토대를 제공하는 그런 시간 개념구상에 의해 세계를 대속하였음을 말해준다. 사도는 바로 기존 질서에 대한 신의 불가산적 개입의 구체화된 예외이다. 그러나 그것은 동시에 사도가 전파하는 진리(메시아-사건)가 본래 사람들이 상정할 수도 있을 날조될 수 있는 진리를 대변하지 않는다는 것을 말한다. 그리스적 지혜담론은 철학적 대화 속에서 하나의 진리를 그것의 논리적 일관성에 따라서만 알아내려고 시도한다. 그에 반해 바울의 진리-사건의 특수성은 고린도 서신에서 바울 자신이 의식적으로 기획한 진리의 자기연관성 속에 놓여 있다. 바디우에게 신앙-진리의 이 자기연관성은 비록 그가 고린도 서신에 동의하지 않음에도 불구하고 중심적이다. 그는 객관화시킨verobjektivierte 진리-사건을 객관화objektivieren할 수 없다고 말하기 때문에, 고린도 서신에서의 바울의 상론들은 해명되어야 한다. 바울은 다음과 같이 기록하고 있다.

"죽은 자들이 살아나지 못한다면, 그리스도도 살아나지 못했을 것입니다. 그런데 그리스도가 살아나지 않았다면, 여러분의 믿음은 소용없습니다." (고린도 전서 15장 16절)[저자가 판본을 밝히지 않고 본서에 인용하고 있는 독일어 성

서에 따른 번역임. 이하의 성서인용도 마찬가지임]

이것은 하나의 논증인가? 아니다. 왜냐하면 죽은 자들의 부활에 대한 믿음이 정당한 것으로 인증되었는지의 물음은 그리스도의 부활을 지시함으로써 이미 그 죽은 자들의 부활에 대한 믿음을 전제하기 때문이다. 바울은 순환논증을 알아차리지 못했는가? 만약 사람들이 바울은 순환논증을 의식하고 있었다는 점에서 출발한다고 해도, 저 인용으로부터는 또한 그것이 귀류논증임을 끌어낼 수 있다. 그렇다면 바울은 진리문제를 완전히 의도적으로 신앙진술의 필연적 자기연관성 안으로 가져가는 논변구조를 보여주고 있는 것이다. 바울은 정합-진리의 구조를 가로막는다. — 아마도 바디우가 말하겠지만 — 사건에 앞서 어떠한 존재도 없다. 그러나 그것은 또한 "그리스도가 부활했다"의 술어 또는 술부 너머에는 어떠한 존재도 없다는 말이기도 하다. 이 술부는 그 명제가 서술하는 것을 전제하지만, 그 전제되는 것은 비로소 그 빈술賓述 속에서 발생한다. 어떤 의미에서 이것은 또한 출애굽기 3장 15절에 기록되어 있는 바와 같이 구약에서의 모세에 대한 **야훼**YHWH의 계시에도 해당한다. **야훼**는 자신을 "나는 여기 있는 나이다"로 규정한다. 그것은 하나의 순환적 명제로서 그 명제의 술어는 주어("나")의 존재방식을 단지 반복할 뿐이다.[26] 그래서 바울은 간접적으로는 존 오스틴John Austin의 언어행위이론이 언어의 수행적 활동으로서 분석한 것을 보여주고 있다. 바울은 그 명명함 속에서

효력을 발하게 되는 것을 말하고 있다. 중요한 것은 그의 말들이 실재적인 어떤 것을 묘사하는 대신에 하나의 행위 같은 성질을 지닌다는 것이다. "그리스도가 부활했다"는 명제는 그 명제가 말하는 바를 행한다. 그러한 한에서 오직 —— 키르케고르와 파스칼Pascal이 주의를 환기시킨 것인 —— 신앙[믿음]만이 신앙[믿음]을 전제할 수 있다. 그래서 하나의 '객관적 불확실성'의 진리가 객관적으로 도달될 수 있는 본래적 진리가 된다. 칼 뢰비트Karl Löwith가 말하듯이 진리는 어떤 의미에서 하나의 내적인 어떻게가 되지만, 하나의 외적인 무엇으로 헤아려지지는 않는다.[27] 그렇지만 그리스도교적 주체성에 있어서는 "그 어떤 '무엇'이 아니라 처음부터 정해진 어떤 것, 말하자면 참된 그리스도교, 따라서 **결정적이고 계시된 진리로서의 신 자신이 관건이다**"[28]라고 해서 신앙의 진리는 단지 주체[주관]적인 획득함 속에만 있는 것이 아니라, 그 진리가 바디우에게는 추종적인 충실성 그 자체의 전투적 행동 속에서, 말하자면 그 진리의 객관성 속에서 증명된다는 점에도 있다. 여기서 바디우의 해석은 결정적으로 키르케고르의 해석과는 구별되는데, 비록 그 두 해석 모두 그리스도교 신앙을 주관적 객관성이라는 하나의 역설적 계기로 해석함에도 불구하고 그렇게 구별된다. 그러나 키르케고르에게서 "충실성"은 전혀 의미가 없다. 그래서 키르케고르는 신앙 또는 진리사건의 '진리'를 하나의 수평적 집행유예기간 속으로 편입시키는 바디우보다 더 넓게 신앙의 역설을 사용한다. 그 대신에 키르케고르는 신앙의 진리의 어떠한 시간적 차원도 강조하지 않는다. 키르케고르는 "객관적 불확실성", 즉 그것이 그리스도교적 신앙의 중심에 있듯이 객관성 속에서의 이 불확실성 그 자체가 시간과 공간으로부터 독립하여 고수되어야 한다는 점을 강조한다. 키르케고르는 다음과 같이 기술한다.

> "만약 내면의 주관성이 진리라면, 객관적으로 규정하여 이 진리는 역설이고, 진리가 객관적으로 역설이라는 것은 바로 주관성이 진리이며, 그래서 객관성을 밀쳐낸다는 것을 보여준다. 그리고 이 주관성의 밀쳐냄이나 그 표현은 내면의 장력과 동력계이다."[29]

마르키온Marcion 또는 바울?

바디우가 규명하는 바울-독해는 여러 상이한 관점 하에서 비판될 필요가 있다. 예를 들어 하나의 진리-사건은 무한한 내면과 더불어 바울을 "주체"가 되게 하는데, 바디우는 그 무한한 내면 어느 곳에서 정신착란과 진리 사이를 구별할 수 있는가라는 의문이 들게 한다. 그 이의제기는 바디우가 그 이의제기를 최소한도 언급하지 않았다는 사실이 신기할 정도로 훤히 들여다보이는 것이다. 마찬가지로 그는 자신의 바울-책 속의 어떤 곳에서도 어떤 기준을 가지고서 하나의 진리-사건이 그 사건 자체 너머에서 정당화될 수 있을지에 대한 안내를 하지 않는다. 바디우의 침묵은 의도된 것일 수도 있다. 왜냐하면 그 물음은 그의 해석의 전제들을 전복시키기 때문이다. 그렇지만 이 물음은 제기될 수밖에 없다. 바디우가 하나의 진리사건의 기준으로서 제시하는 충실성*fidélité*[충직성]만으로는 충분할 수 없다. 그에 대해서는 충실성의 개념을 가지고 수십 년 넘게 옹호되었던 진리-사건들이 애초부터 잘못된 것이었던 너무 많은 예들이 20세기의 역사 속에 존재한다. 그러나 또한 그리스도교-신학적 관점으로부터도 문제들이 나타나는데, 더욱이 바디우가 진리사건과 진리론 사이의 모든 엄격한 분리를 강조하는 곳에서 나타난다.

  바울이 갈릴리 출신의 유랑설교자의 가르침들에 관심을 보이지 않는다고 해서 그로부터 또한 그 가르침들이 바디우에 의해 거듭해서 강조된 충실성을 위해 어떠한 역할도 하지 않았다는 추론이 이끌어져서는 안 된다. 바디우가 1세기의 그리스도인들을 하나의 맹목적 결단주의Dezisionismus의 들러리들로 오해할 위험에 빠지고 있는 것은 아닌가? 만약 충실성이 그 마땅한 근거들에 대해 묻지 않는다면, 그 충실성의 진정한 가치로 여전히 남아 있는 것은 무엇인가? 또한 바디우는 바울에 대한 책과 마찬가지로 하나의 주관적 진리-사건에 대해 윤리적 방향성을 가지고 장-폴 마라Jean-Paul Marat에 대한 책을 쓸 수 있었을까? 아니면 그래도 바디우는 —— 윤리학에 의해 완전하게는 교체될 수 없는 ——

그리스도교의 가르침이란 것이 오늘날 여전히 바울로 하여금 그리스도교적(물론 바디우에게는 순수하게 주체적인) 진리의 보편주의에 관해 우리에게 말할 수 있게 해주는 복음에 대한 **충실성의 지평**이기 때문에 바울에 대해 쓰고 있는 것은 아닌가? 진리사건과 진리내용은 바디우가 행하는 것처럼 그렇게 그 근본성에서 서로를 배제시킬 수 없다. 1세기의 그리스도교의 발전은 본질적으로 두 계기들에 의해 특징지어진 것으로 보인다. 즉 하나는 —— 바디우가 옳게 말하듯이 —— 기존의 정치적-종교적 존재질서에로의 단순한 통합을 통해서는 '중화'될 수 없었던 한 예기치 않은 사건에 대한 충실성이고, 다른 하나는 특히 배척된 자들과 소외된 자들에게 헌정되는 그리스도교의 소식[복음]에 대한 대중적이고 그야말로 거의 진부한 가르침을 통한 이 사건의 심화이다. 그래서 이는 우선 진리사건과 진리론이 서로 하나가 되거나 그 어떤 방식으로 서로 관계할 때에 비로소 그리스도교적 주체에 관해 말해질 수 있다는 것을 보다 더 알기 쉽게 주장하는 것으로 보인다. 그런 다음에야 비로소 그리스도교적 주체가 모나드와 유사한 내면에 갇혀 있게 되는 위험이 사라지고 그리스도교가 여러 상이한 문화들에 전반적으로 적응할 수 있게 된다.

바디우가 수학에 대한 자신의 주해들[30]을 배경으로 **충실성**을 하나의 공리, 즉 이 공리 자체가 열어젖히는 지평을 넘어서 지시하지는 않는 그런 하나의 공리로 이해할 때조차도 이의제기들은 계속 남아 있다. 바디우가 그런 엄격한 분리로부터 출발하는 경우, 그는 (바울이 말한) 그리스도교적 주체를 피히테적 사행[실행]Tathandlung의 모델에 따라 해석하고 있다고 추측된다.[31] 피히테는 자신의 『학문론』 Wissenschaftslehre (1796/1797)에서 근본적 자기관계성 속에 스스로를 정립하는 하나의 주체, 즉 그 주체의 자유를 이러한 정립 자체 속 외에는 존재론적 질서를 넘어 다른 어떤 것 속에도 근거 짓지 않는 그런 주체에 대한 생각을 전개한다. 바디우에게는 바울이 다마스쿠스로 가는 길 위에서 그리스도의 실제적 출현을 경험하지 않았다는 것이 명백하기 때문에, 그는 바울로부터 부가적으로 그러한 피히테적 주체를 만든다.[32] 그러나 그렇다면 우리가 위에서 이미 주지한 바와 같이 진리-사건은 근본적으로 임의적인 것으로 되는 것이 아닌가? 그렇다면 무엇이 또한 좀 전에 이미 언급한 장-폴 마라 내지는 요제프 스탈린Josef Stalin으로부터 바울을 구별해주는가? 세 사람 모두는 결국 획기적인 사건들에 참여하였고 그들이 지지하는 것에 대해 확신하고 있었다. 그렇지만 그 때문에 '참된' 진리체험과 '거짓된' 진리체험 사이를 구별하기 위해 우리에게 허락되는 또 다른 한 층위가 필요한 것은 아닌가? 10월 혁명은 **참된** 사건이었고, 국가사회주의[나치즘]는 단지 허위사건일 뿐이었다고 말해질 수 있는가?[33]

만약 바디우가 진리사건을 (그것의 순수한 내재 속에서) 사실적으로 존속하고 있는 질서와의 불연속성으로부터 도출한다면, 분명히 그는 바로 바울이 아니라, 오히려 저 2세기의 교회에 대해 이단으로 선언한 마르키온주의자들의 지도자인 마르키온Marcion

에 이르게 된다. 마르키온은 그리스도의 진리사건을 아주 명백하게 유대교적 전통과의 근본적 단절로 이해하는 자이다.[34] 마르키온에게 예수 그리스도의 아버지는 천지의 창조자가 아니다. "천지의 창조자는 구약 속에 나타나며 정의로운 신이지 악한 신은 아니다. 그 신은 정의롭기 때문에 예수 그리스도의 아버지가 아니다."[35] 이 말들은 야콥 타우베스로부터 유래하는데, 그는 정의와 같은 아주 중심적인 신의 한 속성이 마르키온에게는 더 이상 전혀 신약과 구약 사이의 접합부로서 역할하지 않는다는 바디우에 해당되는 주장을 고수한다. 만약 이것이 정말 그러하다면, ─ 말했듯이 ─ 바울에 대한 바디우의 설명은 마르키온에 더 잘 맞는다. 그러나 히브리 성경과 근본적으로 단절하는 2세기의 마르키온주의자들의 경향과 반대로 바울은 의식적으로 유대교적 전통[36]과 함께 바로 순수한 내재에서는 파악될 수 없는 한 진리사건에 가치를 둔다. 바울에게 유대교적 신앙은 진리사건을 필연적으로 발생하게 하고 **무로부터** *ex nihilo* 발생하지 않게 하는 토대이다. 당연히 바디우에게는 히브리 성경에 대한 바울의 충실성이 메시아-사건의 근본[급진]성에 모순되지 않고, 또한 바울에서 불연속성은, 따라서 바디우가 기존의 담론들과의 단절로 해석하는 것은 유대교적 전통에 대한 충실성으로 표현되는 연속성의 계기에 의해 교체될 수 없다는 점이 고려되어야만 한다.

    이러한 비판에도 불구하고 바디우 독해의 성취가 무시되어서는 안 된다. 그에게는 바울의 회심을 신학적 전제 없이 정치적 사행[실행]의 한 형식으로 사유하는 점이 성취되고 있다. 그에게서 그리스도교적 주체는 흔들리지 않는 하나의 진리의 담지자이며, 거기서 그 주체의 "총체적 해방은 [……] 언제나 선과 악 너머에 [있는데], 왜냐하면 행동의 전제들 가운데에 유일하게 알려진 선善은 확립된 질서가 그 질서 존속의 귀중한 명목으로 삼는 것이기 때문이다."(바디우, 『세기』Das Jahrhundert) 그래서 정치적 해방은 그 해방이 "총체적"인 곳에서 기존의 질서를 폐기할 것이다. 왜냐하면 이 질서가 "선한" 것으로서 인식하는 것은 바로 주체에 의해 의문시되기 때문이다. 그러나 그 밖의 또 한 점이 바디우의 바울-해석에서 중심적 의미를 지닌다. 이 점은 바디우가 바울에게서 전개하는 것과 같은 "그리스도교적 주체"의 개념에 해당한다. 바디우에게 이 그리스도교적 주체는 무한한 분열(타자성) 속에 갇힌 한 인간의 일시적인 미쳐 있음Verrücktheit을 일컫지 않는다. 바디우에게 주체는 바울이 그리스도와 자신의 만남을 설명할 수-없는 사건으로 선포하는 것처럼 흔들리지 않는 하나의 경험에 대한 실존적 제스처를 말한다. 진리에서 발생한 그 주체는 자신의 진리를 전투적으로 전환시키도록 일깨워진다.[37] 그 주체는 다시금 자기 속에서 분열되지 않는, 또는 타자성이라는 하나의 메시아적 계기를 통해서는 분열될 수 없는 모호하지 않은 동일[정체]성을 표시한다. 바디우에게 이 동일[정체]성은 바로 그것이 정신nous의 한 신적 영역으로부터 파생되지 않고 오히려 이전에는 존재의 가능성들의 지평 안에 아무것도 없었던 그 지점에서 발생하기 때문에 거의 절대적이고 신과 같다. 바울은 자신의 진리사건 속에서 발생한다. 그리고 그 진리사건이 그를 정치적 주체와 전형적 *par excellence* 행동가로 만든다. 그의 동일[정체]성은 랭보Rimbaud의 의미("나는 다른 누군가이다"Je est un autre)에서 자기 속에서 분열되어 있지도 배정되어 있지도 않고 레비나스Levinas의 의미에서 내적 타자성의 무한한 복잡함에 의해 깨져 있지도 않다. 그런데 정확히 이 관점은 아감벤과 또한 샌트너의 그리스도교적 주체에 대한 규정에서 하나의 역할을 수행할 것이다. 그러나 바디우의 철학은 주체를 **주체로서** 재발견하려고 시도한다. 현대적 주체성은 그것이 바디우에게서 바울의 전-현대적 주체를 구현하는 것처럼 "존재의 거대한 사슬"의 정점과 우주 진화의 종점으로서의 인간에 대한 표상과는 아무 관계없다. 그 현대적 주체성은 주체가 이 사슬고리들 사이의 이음새들로부터 생성되는 지점에서 나타난다.[38]

II. 조르조 아감벤

Giorgio Agamben

바울에게서의 유대교적 메시아주의

> 법은 인간성의 정점이다 –
> 이 말의 위협적인 이중의미에서.
>
> — 칼 바르트Karl Barth

조르조 아감벤은 자신의 책 『남아 있는 시간』*Die Zeit, die bleibt*[국역본: 『남겨진 시간』, 강승훈 옮김, 코나투스, 2008][39]에서 바울의 보편주의에 대한 바디우의 개념구상에 반대하여 유대교적 메시아주의를 자신의 독해의 중심에 놓는다. 그는 보편주의를 특수한 것이 보편적인 것에 예속되게 하는, 그리고 바울과 그의 메시아주의적 신학에도 모순되는 하나의 형이상학적 원근거로 이해한다.

"바울에게는 차이들 너머의 동일한 것과 보편적인 것을 발견하기 위해 그 차이들을 '관용하는' 일이나 그것들을 넘어서는 일은 중요하지 않다. 그에게 보편적인 것은 그로 하여금 차이들을 볼 수 있게 해줄 초월적 원리가 아니라 [······] 율법의 나눔들 자체를 나누어 그때그때마다 최종 근거를 찾음 없이 그 나눔들을 무효하게 만드는 하나의 절차이다."
(아감벤, 『남아 있는 시간』, 64쪽[국역본 93쪽 참조. 본서에 인용된 독어 번역에 따라 번역 수정됨])

우리가 이 논변을 이해하려면, 우리는 아감벤이 바울에게서 메시아주의적인 하나의 포섭될 수 없는 "잔여"를 생산하는 "나눔의 나눔"(같은 책, 64쪽[국역본 91쪽 참조])이라는 구조계기로서 발견하는 것을 있는 그대로 이해하기 위해 몇 걸음 뒤로 물러서야만 한다. 그럼에도 불구하고 여기에는 이미 ― 최소한 보편주의 분야에 대한 ― 아감벤의 비판이 바디우를 정당하다고 인정하지 않을 것이라는 점이 언급되어 있다. 그 점에 대해서는 나중에 더 언급할 것이다.

아감벤은 자신의 책 제3장에서 유대인과 비유대인으로의 이분법적 분류가 "소모적이다"는 점을 확인하게 된다. 왜냐하면 그 분류는 전 인류를 두 집단으로 분할하기 때문이다. 거기서 잔여는 생기지 않는다. 그러나 이제 아감벤은 바울에게서 유대인과 비유대인으로의 이 구분을 깨트리는 일을 성취하는 한 사상가를 본다. 그가 그 일을 유내교 율법의 폐기를 통해 행하지 않는다는 것은 확실하다(로마서 3장 31절). 그러나 동시에 바울에게서 그 율법은 또한 단순히 한 덩어리로 이루어진 하나의 블록이 아니라, 오히려 아감벤이 말하듯이 하나의 나눔 내부에 관통하고 있다는 점이 발견된다. "또한 율법도 나눠지는데, 왜냐하면 율법을 통해 나눠진 자는 자신의 육체 속에서 '영의 법'과 싸우고 있는 '한 다른 법'(로마서 7장 23절)을 보기 때문이다"(같은 책, 61쪽[국역본 88쪽 참조]). 그래서 아감벤은 바울이 유대인과 비유대인의 구분 외에 또 다른 나눔, 말하자면 "육"(σάρξ)과 "영"(πνευμά) 사이의 나눔에 관해 말한다는 점을 지적한다. 로마서에서 바울은 다음과 같이 유명한 구절을 기록하고 있다.

> "유대인은 외적으로 유대인인 자가 아니며, 할례는 가시적으로 육[성]에 일어난 것이 아니라, 오히려 유대인임이 감춰진 자가 유대인이며, 할례는 글자[율법: 옮긴이]를 통해서가 아니라 영을 통해 마음에 일어나는 것입니다." (로마서 2장 28-29절)

일군의 유대인들은 그렇게 "가시적 유대인들"(=육에 따른 유대인들)과 가려진 유대인들(=영에 따른 유대인들)로 분일된다. 이것은 이제 ── 아감벤에 의하면 ── 또한 비유대인들, 말하자면 이방인[이교도]들에게도 해당한다. 그러므로 "영"에 따른 비유대인들이 있는 것처럼 "가시적" 비유대인들(=이방인들), 따라서 육에 따른 비유대인들이 있다. 아감벤은 이 강화된 분류와 더불어 유대인들과 비유대인들 사이의 차이가 폐지됨으로써 첫 번째 층위의 나눔을 폐지하기에 이른다. 유대인들과 비유대인들이라는 대립하는 두 측면에 이제 첫 번째 두 범주들(유대인/이방인) 중 어느 범주에도 맞지 않고 비-동일성의 한 영역을 여는 하나의 "잔여"(영에 따른 유대인들과 영에 따른 이방인들)가 있다. 왜냐하면 ─ 아감벤이 말하듯이 ─ 언제나 "비유대인들인 유대인들이 있을 것인데"(같은 책, 63쪽[국역본 90쪽 참조]), 말하자면 육에 따라 사는 유대인들이 있을 것이고, 마찬가지로 언제나 "비유대인들", 따라서 "비-비유대인들"인 이방인들(=신을 두려워하는 자 내지는 신의 영에 붙잡힌 자로 사는 자들)이 있을 것이기 때문이다. 이것은 바울의 말로 "(참된) 유대인은 가시적이지 않다는 것과 (참된) 할례는 육에 있지 않다는 것"(로마서 2장 28절)을 의미한다.

그로부터 아감벤은 "메시아주의적 나눔은 민족들에 대한 거대한 율법주의적 나눔 속으로 하나의 잔여를 끌어들이며, 따라서 유대인들과 비유대인들은 구성적으로 '모두가 아닌' 자들이다"(같은 책, 64쪽[국역본 90쪽 참조])라는 결과를 끌어낸다. 영에 의해 감동된 자들(유대인들이나 이방인들(=비유대인들))은 율법주의적 나눔을 깨트리는 잔여를 만든다. 그때 아감벤에게 "영"은 양화될 수 있는 크기가 아니다. 동시에 영에 속한 자들(유대인들과 이방인들)이 율법의 외부에 있지 않다는 것을 알아차리는 것이 중요하다. 그러나 동시에 그들은 또한 단순히 율법의 내부에만 있는

것도 아니다. 오히려 그들은 아감벤이 말하듯이 율법-안에-없지-않다. 정확히 말하자면 그들은 율법으로서 계속해서 존속하고 있는 율법을 가로질러 *quer zum Gesetz* 있다. 그렇다면 영 안에 있는 모든 자는 엄격한 의미에서 "그리스도인"이지만, 동시에 유대인이기를(말하자면 율법 안에 있기를) 멈추거나 이방인이기를, 말하자면 유대교의 율법을 따를 필요가 없음을 멈추지도 않는다.

아감벤에게 유대인과 이방인 사이의 율법주의적 구분에서 벗어나는 이 잔여는 자기 자신과 같은 동일[정체]성을 허용하지 않는 하나의 영역을 열어준다. 여기서 아감벤은 특히 고린도전서 9장

19-23절에 관계하고 있다. 그곳에서는 다음과 같이 말하고 있다.

"그러므로 나는 어느 누구에게도 매어 있지 않았지만, 나는 가능한 한 많은 사람들을 얻기 위해 모든 사람들에 대해 나를 종으로 만들었습니다. 유대인들을 얻기 위해 나는 그 유대인들에 대해 한 유대인이 되었습니다. 율법 하에 있는 사람들에 대해 나는 비록 내가 율법 하에 있지 않음에도 불구하고 율법 하에 있는 그들을 얻기 위해 율법 하에 있는 한 사람이 되었습니다. 율법 없는 자들에 대해 나는 그 율법 없는 자들을 얻기 위해 소위 한 율법 없는 자 — 신 앞에 한 율법 없는 자로서가 아니라 그리스도의 율법에 묶인 자로서 — 였습니다. [……] 모든 사람들에 대해 나는 어떤 경우라도 몇몇을 구하기 위해 모든 것이 되었습니다."

그래서 아감벤에게 바울은 제3의 위치를 형성하는데, 하지만 종합의 의미에서가 아니라 이중 부정의 형식으로 그 위치를 형성한다. 즉 그것은 "신의 율법 없이 있는 자가 아니라 메시아의 율법 안에 있는 한 율법 없는 자와 같은"(고린도전서 [9장] 23절[21절을 23절로 오기한 것으로 보임: 옮긴이] 것이다. 메시아적 율법 안에 있는 자는 하나의 비-비-정위定位/Nicht-Nicht-Positionierung를 구현한다.

바디우에 대한 아감벤의 비판

위에 언급한 유대인들과 비유대인들의 나눔과 육에 따른 유대인들이나 이방인들과 영에 따른 유대인들과 이방인들로의 나눔이라는 강화된 분류는 아감벤에 의해 벤야민에게서 발견된 "아펠레스의 분할"Schnitt des Apelles이라는 경구 속에서 그 상징을 발견한다. 그 경구는 우선 어떻게 그리스 화가 프로토게네스 Protogenes(기원전 4세기)가 인간의 연필에 의해서는 나올 수 없을 정도의 가는 선을 그리는지를 묘사한다. 그런데 그의 화가-친구 아펠레스가 연필을 가지고 그의 라이벌에 의해 그려진 선을 좀 더 가는 선으로 나눈다.[40] 여기서 아감벤에게 아펠레스의 분할은 바울적 분열, 즉 (이런 분열들 너머의) 초월론적 보편을 확립하지 않고 분열의 개념구상 자체를 분열시키는 그런 바울적 분열의 상징이 된다. 벤야민의 경구 속에 묘사된 것 같은 나눔 선의 분할은 율법들을 작동하도록 하는 구분들의 법질서-균형을 깨트린다. 그래서 벤야민의 경구는 "보편적인 것과 특수한 것에 대한 물음을 완전히 새로운 방식과 방법으로"(같은 책, 64쪽[국역본 91쪽 이하 참조]) 사유하도록, 말하자면 아감벤으로 하여금 바디우에 반대하여 사유하도록 강제한다. 아감벤은 메시아주의적인 아펠레스의 분할이 결코 바디우가 시사하는 바와 같은 보편적인 것에 이를 수 없다고 설명한다. "영에 따른 유대인은 보편적인 것이 아니다. 왜냐하면 영에 따른 유대인이란 것은 정확히 육에 따른 비유대인이 보편적인 어떤 것이 아닌 것과 마찬가지로 모든 유대인들에 대해 말해질 수 없기 때문이다."(같은 책, 63쪽[국역본 92쪽 참조]) 보편주의가 특정한 원리들(예를 들어 인간의 인간성Humanität)을 모든 차이들을 폐지하는 하나의 원리로 선언하는 반면에, 아펠레스의 분할은 유대인들과 "고이들"Gojim[비유대인들 또는 이민족들, 히브리어 고이Goi의 복수]에게 자기 자신과 일치하는 것이 불가능함을 보여준다. "오히려 그들은 한 민족과 자기 자신 사이의 잔여, 즉 각각의 동일[정체]성과 자기 자신 사이의 잔여와 같은 어떤 것이다."[국역본 92쪽 참조][41]

메시아주의적 부름받음[소명]은 세상이 구원된 것으로 간주될 수 있게 해줄 확고한 입각점이 아니다. 이 부름받음은 어떠한 새로운 동일[정체]성도 주지 않는다. 오히려 그 부름받음은 "마치-~처럼"Als-ob의 비유를 가지고 주체가 자신을 가장 확실하게 생각하는 곳에서, 즉 자신의 가장 일상적인 재현[모습]들 속에서 그 주체에 대해 의문시하도록 만든다. 그때 메시아적인 것은 모든 부름받음[소명]과 모든 직업 그리고 모든 지위를 자기 자신과의 팽팽한 긴장 관계 속에 놓는다. 즉 그 메시아적인 것은 부정을 말하는 것이 아니라 중요치 않은 한 잔여를 남기는 비-동일성을 지시하는 "마치 ~이 아닌 것처럼"Als ob nicht의 바울적 형태Figur를 가리킨다. 그래서 바울에게 메시아주의적 실존의 표지標識는 잔여가 된다는 것과 비-동일성 속에서 견뎌내는 것 그리고 신 없는 세계(디트리히 본회퍼Dietrich Bonhoeffer) 속에서 신을 생각하는 것을 말한다. 이 "메시아적 반전"은 일체의 일상적인 것에서 일어난다. 아감벤에게 그러한 반전의 구원은 어느 미래의 시간의 끝에서 일어나는 것이 아니라, 지금 여기를 끊임없이 유념함 속에서, 즉 과거와 현재의 통일 속에서 일어난다.

그래서 아감벤은 또한 바울의 보편주의를 관용의 개념으로부터 도출하는 바디우를 비판한다. 바디우에 반대하여 그는 정치적으로 처음부터 결함이 있는 관용의 개념을 바울의 정치적 메시아주의로부터 완전히 배제시킬 것을 주장한다. 관용의 개념은 분명히 메시아주의적인 개념구상이 아니라고 한다(같은 책, 65쪽[국역본 93쪽 참조]). 왜냐하면 그 개념은 하나의 명확한 위치설정을, 따라서 단지 관용을 베푸는 자들의 위치만을 규정하기 때문이다. 그래서 바로 바울에게는 차이들을 "관용하는" 것이 중요한 것이 아니라고 한다. 그에게는 바로 자기 자신과 동일한 동일[정체]성들의 불가능성을 열어놓는 일이 중요하다고 한다. 이 자기 자신과 동일함이 이루어진 곳, 말하자면 동일성들이 더 이상 집합론들 속에서 표현되지도 않고 서로에 대해 경계 그어지지도 않는 곳에서 관용에 관한 담론은 전혀 의미를 획득하지 못한다. 그래서 바울의 메시아주의는 인간을 그 동일[정체]성이 종교적이든 민족적이든 정치적이든 간에 모든 동일[정체]성에서 벗어나는 자로서 규정하는 근본적으로 새로운 인간학에 기인한다. "잔여"는 국가와 종교의 정치적 구조물 속에서 하나의 비-형태, 하나의 아포리아 Aporie, 부속될 수-없는 것으로 남는다.

아감벤의 해석은 또한 그리스도교에 대한 비판으로도 이해되어야 할 것이다. 왜냐하면 그리스도교적 선언이 그리스도교의 역사 속에서 동일성에 대한 개념구상, 국가에 대한 개념구상, 더욱이 민족적 개념구상으로 이해되었던 곳에서는 언제나 바울 서신들의 본래적인 메시아주의적-정치적 차원에 대한 '배반'이 일어났기 때문이다.[42] 또한 바울이 특정 교단들에서는 계급적-교회적 권위를 주창한 인물로 간주된다는 사실은 소위 그리스도교의 역사 속에 깊이 뿌리내린 사도[바울] 서신들에 대한 오독이라는 아감벤에 의해 시사된 비판을 확인시켜준다.

그렇지만 바디우에 대한 아감벤의 비판은 부분적으로 바디우가 바울적 보편주의로 이해하는 것에 대한 하나의 잘못된 해석에 기인한다. 그가 바디우의 보편주의 개념구상을 공격하는 경우, 그것은 단지 그 프랑스 철학자의 근원적 논변들에 대한 왜곡의 결과일 뿐이다. 위에 서술한 바와 같이 바디우는 바로 보편주의 개념이 주체[주관]로부터 출발하고 있다는 점에서 보편주의에 대한 전통적 이해를 초월적 원리들에 기인하는 교설이라고 비판하는 개념으로서 보편주의를 이해한다. 이것을 우리는 바디우-절에서 이미 상세히 다루었고, 따라서 다시 한 번 그 논변들을 언급할 필요는 없다.

그럼에도 불구하고 두 저자들은 하나의 무덤을 분리한다. 이 부덤은 아감벤이 주장하는 바와 같이 보편적인 것의 개념영역에 놓여 있지 않다. 두 저자들은 모든 차이들의 원근거로서의 보편주의에 대한 고전적인 형이상학적 이해를 거부한다. 두 철학자들 사이의 본질적 차이는 위에서 이미 보여 준 바와 같이 주체-이해 속에서 드러난다. 바디우는 지금 이 순간에 자신을 구성하는 한 주체의 진리-사건의 계기로부터 보편주의를 사유한다.[43] 여기서 주체에 관한 담론은 무한한 자기분열 속에 갇힌 한 인간을 가리키지 않는다.[44] 그 주체는 바로 아감벤이 서술하는 바와 같이 메시아적 계기를 통해 분열되지 않는 하나의 모호하지 않은 동일[정체]성을 표시한다. 바울은 자신의 진리사건 속에서 발생한다. 바디우의 철학은 주체의 이론 속에서 주체를 주체로서 재발견하려고 시도한다. 바디우가 기술하는 것은 주체로 하여금 존재의 강제들로부터 분출되는, 가능한 주체화를 위한 공간을 비로소 열어주는 부정적 제스처이게 해주는 과정이다.[45]

  그렇지만 아감벤은 메시아주의가 바로 동일[정체]성을 확립하는 것이 아니라 오히려 "나눔의 나눔"을 통해 모든 동일[정체]성, 확정, 인종에 대한 규정, 민족, 법질서를 깨트린다는 점을 고수한다. 이 나눔의 나눔은 그것이 또한 주체를 가만히 놔두지 않을 만큼 근본적이다. 아감벤에게는 "어떠한 인간적 본질도 없"고, 민족이나 인종 등등과 같은 개념들을 통해 인간을 규정하는 모든 시도는 단지 끊임없이 반복적으로 하나의 새로운 없앨 수 없는 잔여, 즉 동일화되지 않는 한 잔여만을 남기는 반면에, 바디우는 존재의 실정성에 맞서 스스로를 구성하는 역량을 가지는 한 주체를 고수한다. 그에게 이 주체는 한 보편적 진리의 전투적 투사이다.

그들의 상호 배타적인 주체-이론들 외에 바디우와 아감벤의 단초들은 또한 바울적 시간의 올바른 이해에 대한 물음에서도 일치될 수 없다. 말하자면 진리-사건에 대한 "충실성"이라는 바디우의 개념구상은 아감벤이 "메시아적 시간"으로 파악하는 것과 대립하고 있다. 그러한 한에서 아감벤은 바디우에 대한 자신의 비판을 메시아적 시간이라는 개념영역에서 더 효과적으로 전개시킬 수 있었을 것이다. 왜냐하면 바디우의 "충실성"은 사건이 발생한 이후에 하나의 수평적 시간-선 위에서 펼쳐지는 시간이해를 전제하는 반면에, 아감벤은 바울에게서의 메시아적 시간을 곧바로 헤아려질 수 없는 시간으로 파악하기 때문이다. 진리사건에 대한 충실성의 한 형식은 만약 그 형식이 하나의 불변적 시간구조를 전제한다는 점으로부터 출발하는 경우에는 전혀 생각될 수 없을 것이다. 이 차이를 상세하게 파악하기 위해서는 다음 절에서 메시아적 시간에 대한 아감벤의 이론이 더 자세히 해명되어야 할 것이다. 그 이론의 도출은 이 책의 가장 흥미진진한 절들에 속한다.

귀스타브 기욤에 따른 메시아적 시간

아감벤의 해석의 중심에는 바울에게서의 메시아적 시간이 "세속적 시간을 지금 여기에서 중지시키는 시간경험의 현행적 변화를 함축한다"(같은 책, 86쪽[국역본 124쪽 참조])는 테제가 있다.

그래서 메시아적 시간은 연대기적 시간의 마지막 국면에서 시작하지 않고 이미 지금 여기에서 현재를 관통하고 있다. 이러한 점은 오직 삶의 실천으로부터만 이해될 수 있을 것이며, 이는 동시에 경험을 바울 자신의 주관적 관점에 제한하고 있는 것이 분명하다. 그럼에도 불구하고 아감벤은 이러한 경험을 객관화하려고 시도하고, 그래서 그는 메시아적 시간이 본래 무엇을 의미할 수 있는지의 물음에 대한 자신의 이론적 파악에 있어서도 부득불 많은 은유들과 유비들을 가지고 말한다. 그는 메시아적 시간 내부에서의 "모든 것들의 요약적 축소"(같은 책, 90쪽[국역본 128쪽 참조])에 관해 말하는데, 이 메시아적 시간은 이 축소를 과거와 현재의 상호투영 속에서 일으킨다. 동시에 그는 "시간들의 나눔" — 창조, 계시, 종말 — 자체를 나누며, 그 나눔이 종말 속에 하나의 잔여를 끌어들이게 되는 "단락"(같은 책, 90쪽[국역본 127쪽 참조])에 관해 말한다. 그리고 결국 그는 과거와 현재의 상호투영에 해당하는 지금 이때를 중세의 6행 연시Sestine의 연聯의 형식, 즉 뒤따르는 연과 잔류하는 연 사이의 운韻 속에서 그 전체 6행 연시가 소위 앞으로 가면서-끊임없이-뒤돌아보는 식으로 [그 연들이] 서로 관계하는 하나의 서정시적 시형식의 예와 비교한다. 그런데 연대기의 개념에 기인하는 '고전적' 시간이해가 깨지는 (메시아적 시간 속에서의) "나눔의 나눔"이 구체적으로 어떻게 보여야 할 것인가라는 물음에 대해 아감벤은 프랑스의 언어학자 귀스타브 기욤Gustave Guillaume[46](1883-1960)이 지속적으로 배치[배정]되는 자기현전의 행위로 묘사하는 바와 같은 "작동하는 시간"에 대한 개념구상을 지시함으로써 가장 명확하게 답변한다.

귀스타브 기욤의 연구들은 어떻게 인간의 지성이 본래 시간에 대한 직관을 전개시킬 수 있는가의 물음으로부터 출발한다. 왜냐하면 인간의 지성이 시간에 대한 직관을 전개하는 경우에는 언제나 하나의 시간 축에 대한 세 개의 단락들로서의 과거와 현재 그리고 미래 사이를 지시하는 공간적 구성을 이용할 수밖에 없기 때문이다. 기욤은 이러한 공간적으로 직관된 구성 속에서 하나의 문제점을 본다. 왜냐하면 그 구성은—— 소위 우리의 사유 내부에서—— 시간에 대한 사유행위로서 작용하고 있는 시간을 고려하지 않기 때문이다. 그래서 작동하는 시간은 "지성이 하나의 표상[이미지]-시간을 실현하기 위해 필요로 하는"(같은 책, 79쪽[국역본 116쪽 참조]) 시간이다. 그때 이러한 내부의 흘러가는 시간층 위의 모상模像을 만들어주고, 그래서 언어행위 속에서 언어의 현전과 내용을 배치함에 의해 시간을 직관하는 그런 언어행위 자체 내지는 언어가 있다. 이에 대한 근본전제는 "언어는 자신의 구술체계를 선행하는 선형적 도식에 따라"(같은 곳[국역본 113쪽 참조]) 고정적 문장성분들의 나열로서 이해하는 것이 아니라, "구성된 상을 이 상을 구성하는 작동하는 시간에 관련시킴으로써" 조직된다는 테제이다. 말하자면 언표의 계기들이 단순히 서로 나란히 서 있지 않고 작은 서클들로의 분절의 계기 속에서 선행하는 문장성분들에 다시 결합된다는 것이다. 그것은 아감벤이 6행 연시에서 강조하는 진행의 계기 속에는 지속적인 재결합의 이러한 계기가 있다는 것이다. 언어는 그 언어 "자신의 실현을 행해지고 있는 담화의 순수한 심급에"(같은 책, 80쪽[국역본 114쪽 참조]) 관련짓게 되는 그러한 내적 구조에 의해 특징지어진다.

    만약 모든 사유과정이, 예를 들어 시간의 현상과 관련한 사유과정이 그 자체 하나의 작동하는 시간, 따라서 그 사유과정이 다시금 그 자신의 실현에 관련되고 있는 그러한 시간을 함축한다면, "또한 행해지고 있는 담화의 심급도 일정한 시간을 포함하며"(같은 책, 80쪽[국역본 114쪽 참조]), 그 시간은 또다시 일정한 시간을 포함하고 그렇게 계속해서 진행한다. 이러한 파생의 마지막에 나오는 것은 결코 연대기적으로 "흘러갈" 수 없는 하나의 시간이다. 왜냐하면 그 시간의 내부에서는 쉽게 말해 그 시간이 **결합되어** 있을 수 있을, 따라서 실제로 지금 여기 확고하게 **현전하여** 있을 수 있을 그러한 현전의 순간이 끊임없이 **빠져나가기** 때문이다. 그 효과들은 주체에도 해당하는데, 왜냐하면 시간과 마찬가지로 주체는 "결코 완전하게 자기 자신과 일치[동시현전]할" 수 없고, 점점 더 작아지는, 어떤 의미에서는 위에 기술된 나눔의 나눔이라는 동기에 상응하는 그러한 작동하는 시간계기들 속에서의 자신의 동일성을 후행하기 때문이다. 아감벤은 다음과 같이 말한다. "일정한 표상-시간이 실현되고 있는 말들을 찾기 위해 사유는 작동하는 시간을 필요로 하는데, 그 작동하는 시간은 그 시간 자신을 그 시간 자신의 측면에서 그 어떤 식으로든 함축하는 서술

속에서는 재현될 수 없다."(같은 책, 80쪽[국역본 115쪽 참조])

아감벤이 작동하는 시간의 예를 가지고 설명하려는 것은 계산될 수 있는 연대기의 모든 형식에서 벗어나는 시간 내부의 시간에 대한 직관이다. 그것을 가지고 그는 어떤 의미에서는 초기 그리스도교의 시간이해에 대한 하이데거의 상론들을 보완적으로 속행시키고 있다. 초기 그리스도교의 공동체들에게 시간은 계산될 수 있는 크기[양]가 아니라 파루시아parousie, 즉 [최후의 날의] 메시아의 재림이 언제든지 들이닥칠 수 있었을 하나의 창이었다. 그래서 기옴의 작동하는 시간이 열어 놓는 것은 우리가 시간을 규정하려 하고 서술하려고 할 때면 언제나 "그 시간 속에 있을 수 없는" 하나의 다른 시간이 "포함되어 [있다]"(같은 책, 80쪽[국역본 115쪽 참조])는 사실이다. 그러한 한에서 인간은 자신의 주체-임[존재]Subjekt-Sein을 통해서는 시간과도 자신과도 일치[동시현전]하지 않는 존재Wesen이다. 그러한 한에서 바울에 의해 선포된 그리스도 안의 삶은 시간의 이러한 끊임없는 분할을 근본[급진]적 방식으로 의식하고 있는 실존이고, 명료하게 규정된 좌표들 속에서 건축자금적립계약과 생명보험에 대해서까지 현재의 가치표상들을 조직하는 연대기적 시간을 거짓 안정성의 가상으로 간파하는 실존이다. 시간 내부의 이 시간은 주체의 자기 자신과의 "불일치"Nichtkoinzidenz(같은 책, 81쪽[국역본 115쪽])에로 인도한다. 그래시 아감벤에게 메시아적 시간은 "연대기적 시간 속으로 밀고 들어오며 이 시간을 내부에서 가공하고 변화시키는 작동하는 시간"(같은 책, 81쪽[국역본 116쪽 참조])이 된다. 연대기적 시간은 우리가 기만당하여 그 시간에다 우리 자신을 넘겨주는 그런 시간인 반면에, 작동하는 시간은 "그 안에서 우리가 우리의 시간서술을 파악하고 완성하는 그런 시간이며, 우리 자신이 그것인 시간이다."(같은 책, 81쪽[국역본 116쪽 참조]) 그래서 아감벤에게 있어 남아 있는 시간은 바로 진정하게 탈-존으로서의 주체의 일부가 되고 연대기를 깨트리는 그런 시간이다.

연대기적 시간이 인간의 탈-존이라는 무의식적으로-의식된 지금 이때에 대한 이차적이며 소외시키는 시간개념구상에 가깝다면, 메시아적 시간은 나의 "시간서술을 끝내고 완성하기 위해"(같은 책, 81쪽[국역본 116쪽 참조]) 나에게 남아 있는 시간이다. 메시아적 시간은 연대기적 시간이 결코 이룰 수 없는 것으로서 한꺼번에 몰려들어 가득 메운 것으로 생각될 수 있다. 연대기적 시간은 주체가 다음 세대에 의해 교체되기 전에 그 주체(시간벌레Zeitwurm 로서의 주체)가 불변적 시간 축 상의 한 시기 동안 그 속에 거주하고 있는 그런 시간이다. 그에 반해 메시아적 시간은 엄밀히 말해 더 이상 어떠한 시간축도 알지 못한다. 그 시간은 주체가 바울의 의미에서의 지금 이때를 하나의 메시아적 사건으로 파악하는 그곳에서 그 주체에게 맡겨져 있다. "마치-~이 아닌-것처럼"은 주체가 사물[현세의 것]들을 놓아주는 일에 있어 거의 전능하게 되는 지점, 즉 모든 현세적 가치들에 대해, 심지어 자신의 동일[정체]성에 대해서까지도 단절을 선언할 수 있는 전환점을 말한다. 아감벤은 모든 현세적 가치들(사랑, 소유 등등)이 어떤 의미에서는 하나의 연대기적 시간이해에 기인한다는 것을 지적하는데, 그것은 만약 연대기가 메시아적 시간을 통해 무력화된다면 정확히 그 순간에 이 가치들이 "마치-~이 아닌-것처럼"의 언표 하에 놓일 수 있다는 추론을 허용하는 것이다.

히브리 성경의 예언자가 메시아의 미래적 도래에 대한 기다림 속에 산다면, 사도[바울]는 메시아가 이미 왔고 구원의 카이로스 Kairos[결정적 시점; 메시아적 시간]는 세속적이며 연대기적인 시간의 내부에 있다는 확실성 속에서 산다. 그렇게 아감벤에게 이 카이로스는 과거와 함께 현재를 "십자가에 달린 자에게로 역행"retrogradatio cruciata하는 질서 속으로, 말하자면 역진과 전진의 상호관계 속으로 데리고 간다. 그것은 "마치-~이 아닌-것처럼"의 차원에서의 삶을 가능케 하는 경험이다. 왜냐하면 그 경험은 사랑, 관계, 소유와 같은 일상적 삶의 것들의 힘을 이러한 영역들에 대한 연대기적 시간의 영향영역이 카이로스가 결부됨으로써 반대로 뒤바뀌게 되는 그 지점에서 꺾어버리기 때문이다. 카이로스는 더 이상 유대교적 이해에서와 같이 연대기적 시간 속으로 침입하는 하나의 순간[계기]이 아니고, 바울에게 카이로스는 오히려 그 연대기적 시간을 내부에서부터 스며들어 적신다. 그래서 바울이 고린도전서에서 말하듯이 시간 자체는 "줄어든다"(고린도전서 7장 29절). 메시아적 시간 속으로의 부름받음은 예를 들어 모든 법적 지위(노예로서든 자유인으로서든)를 받아들일 수 있다.

왜냐하면 그것은 한 상태를 다른 상태와 교환하거나 하나의 새로운 사법적-사실적 재산을 소유하는 것에 관한 문제가 아니기 때문이다. 아감벤에 따르면 그것은 오히려 물리적 소유와 마찬가지로 메타 물리적 소유의 모든 형식으로부터의 근본적인 분리에 관한 문제이다. 그 분리는 "그리스도 안의" 삶 속으로 인도하는데, 근본적으로 말하자면 자기 자신의 동일[정체]성 자체가 소멸하는 데까지 인도한다. 그러한 한에서 아감벤이 바디우의 바울-해석을 거부한다는 사실은 놀랄 일이 아니다. 왜냐하면 그 프랑스 철학자는 그리스도교적 주체를 ─ 무로부터 나오는 ─ 사실적인 것의 질서에 대립하는 동일[정체]성으로 규정하기 때문이다. 바디우에 의하면 그 동일[정체]성은 "나눔의 나눔"을 통해 의문시되거나 상대화되지 않는다. 아감벤은 이것을 다르게 본다. 물론 그는 바울의 주체-이해 속에서 또한 기존의 질서에 대한 하나의 "이의제기"도 보긴 하지만, 하나의 새로운 진리를 선포하는 것으로서 보지 않고 모든 '존재론화'에 대한, 다른 말로 하면 진리를 하나의 형이상학적 토대 자체에 다시 결부시키는 것에 대한 살아 있는 문제제기로 본다.

   고린도전서에는 바울이 (발터 벤야민의 역사철학을 선취하면서) 메시아적 시간을 과거와 현재가 서로 스며들어 있는 상태 속에 있게 되는 하나의 시간으로 이해한다는 증거를 아감벤에게 제공하는 한 구절이 있다. 바울은 이스라엘 역사 가운데의 사건들의 관계에 대해 코린트[코린토스: 고린도]Korinth 공동체의 구성원들에게 다음과 같이 쓰고 있다. 즉 토라Thora가 기록하고 있는 이러한 일들은 부분적으로는 "모형들[typoi전형들]처럼" 기능하고 "시간의 끝들[현재와 과거]이 마주 서 있는" 한 시대 속에 있는 "우리에게는" 경고하는 예이다(고린도전서 10장 11절).

사건들의 그 관계는 과거와 현재의 이러한 마주 섬이며, 이것이 메시아적 시간을 규정한다. 그때 어떤 한 방식으로 "모든 것들의 한 요약적 축소"(같은 책, 90쪽[국역본 128쪽 참조])가 일어나며, 그 축소는 "지나간 것의 총체"(같은 책, 90쪽[국역본 128쪽 참조])가 요약적으로 "현재에 포함되어 있다"는 점과 "전체로 간주되는 하나의 잔여"(같은 책, 91쪽[국역본 130쪽 참조])에 대한 요구가 그 전체의 토대를 경험한다는 점을 가리킨다. 따라서 아감벤은 또다시 하나의 "잔여"를 생산하는 나눔의 나눔이라는 정리 Theorem에로 되돌아온다. 메시아적 시간에 대한 바울의 개념구상은 "시간들 자체의 나눔"(같은 책, 88쪽[국역본 127쪽 참조])을 통한 과거와 현재와 미래로의 연대기적 시간의 근원적 구분을 분할하고서 하나의 "잔여"를, 또는 ── 마찬가지로 아감벤이 언급하듯이 ── "과거가 현재로 미뤄지고 현재가 과거로 연장되고 있는" "할당할 수 없는 무차별의 한 지대"(같은 곳[국역본 127쪽 참조])를 끌어들인다. 그래서 시간-잔여는 더 이상 명확하게 과거나 미래에 귀속될 수 없는 하나의 영역이다. 왜냐하면 메시아주의적 관점에서 과거는 방금 지나가거나 종결된 것이 아니라 제4차원처럼 현재 속으로 불쑥 튀어나오기 때문이다. 그러나 만약 과거가

지나간 것이 아니라면, 근원적으로 연대기적인 시간의 나눔은 실효성이 없어진다. 다시 말해 이는 초기 그리스도교적 탈-존이 어떤 지속적이며 신비주의적인 홀려 있음[무아경]의 표현이라는 것을 말하지는 않지만(바울의 서신들은 그야말로 온통 현장에서의 공동체들의 구체적인 문제들을 지시하고 있다), 카이로스는 시간이 객관화될 수 있는 하나의 차원으로 더 이상 나타나지 않는 방식으로 크로노스Chronos[연대기적 시간]의 계기 속에 통합된다는 것을 말한다.

위에 말한 것으로써 아감벤과 바디우는 바울적 보편주의의 분야에서보다는 오히려 시간과 주체의 개념분야에서 합일될 수 없이 대립하고 있다는 사실이 분명해진다. 여기서 아감벤과 바디우의 해석들은 실제로 화해할 수 없이 서로 배척한다. 만약 우리가 메시아적 시간에 대한 아감벤의 이해를 지속적인 배치의 어떤 시간으로 받아들인다면, 우리는 바디우가 전개하는 충실성의 개념을 더 이상 이해할 수 없다. 진리-사건이 증명되어 있는 차원으로서의 "충실성"은 아감벤이 바울에게서 훼손되었다고 보는 연대기에 기인하는 시간에 대한 이해를 전제한다.

바울과 『호모 사케르』

아감벤은 자신의 바울-책에 앞서 특히 그의 호모 사케르*Homo*

Sacer [성스러운 인간]이론으로 자신을 주목하게 만들었다. 그는 그 이론 속에서 세 가지 중심적 테제들을 기획한다. 즉 1) 근원적이며 정치적인 관계는 "추방[배제]"Bann이며, 그때 예외상태는 내부와 외부, 포함과 제외 사이의 구별할 수 없는 한 지대를 열어준다. 2) 주권적 힘의 주요-활동은 근원적으로 정치적인 요소로서 그리고 자연과 문화, 초에*zoe*[동물의 삶]와 비오스*bios*[인간의 삶] 사이의 분절의 문턱으로서 "한갓된[벌거벗은] 삶"bloßem Leben의 생산이다. 그리고 3) 오늘날에는 폴리스Polis보다는 오히려 (집단-)수용소(Konzentrations-)Lager가 서구의 근본적이며 생명정치적인 패러다임이다. 그때 한갓된 삶은 "자연적" 삶과 혼동되어서는 안 된다. 왜냐하면 "한갓된 삶"은 아감벤의 해석에 따르면 주권의 근원적 행위로서 생산된 것이기 때문이다. "한갓된 삶"의 생산은 정치적 영역을 추방[배제]-관계 내지는 추방[배제]의 영역으로서 확립하는 하나의 관계를 확립한다. 한갓된 삶은 주권의 이 근본적 행위 속에서 그리고 그 행위를 통해 생산되는데, 그때 "한갓된 삶"은 바로 그 삶이 제외되는 것을 통해 정치적 영역 안으로 들어오게 된다. 아감벤에 따르면 오늘날 전적으로 정치적인 것의 영역을 규정하며 집단수용소가 "서구의 근본적이며 생명정치적인 패러다임"이 되게끔 한 것은 이 "한갓된 삶"이다.

그래서 우리가 여기서 전념하고자 하는 출발점의 물음은 아감벤의 바울-독해가 그의 정치철학의 부무대인지, 아니면 그의 정치철학에 있어 그래도 중요함을 지니는가 하는 것이다. 첫눈에 전자가 해당경우인 것으로 보인다. 왜냐하면 아감벤은 그의 로마 서신 독해 가운데의 어느 곳에서도 호모 사케르에 대한 연관을 전개하지 않기 때문이다. 그의 『호모 사케르』[국역본: 『호모 사케르. 주권권력과 벌거벗은 생명』, 박진우 옮김, 새물결, 2008. 원본: 『Homo Sacer: Il potere sovrano e la nuda vita』, Giulio Einaudi editore s.p.a., 1995] 4부작의 제3부(『아우슈비츠로부터 남은 것』Was von Auschwitz bleibt[국역본: 『아우슈비츠의 남은 자들. 문서고와 증인』, 정문영 옮김, 새물결, 2012. 원본: 『Quel che resta di Auschwitz: L'archivio e il testimone (Homo Sacer III)』, Bollati Boringhieri, 1998])에서 그는 바울에 대해 언급하게 되지만, 그곳에서도 메시아주의적 "잔여"의 바울적 개념구상에 대한 연관은 개략적으로 머물러 있다. 그럼에도 불구하고 여기서 다음과 같은 테제가 주장되어야 한다. 즉 아감벤은 바울적 메시아주의를 "추방[배제]" 속에서의 삶에 대한 대응개념구상으로서 기획한다는 것인데, 그것은 법률[율법]에 내맡겨진 피조물적 실존의 모델로서 호모 사케르가 구현하는 것이다. 그 때문에 다음에서는 '무젤만'Muselmann*의 형태에 대한 아감벤의 주해들이 어느 정도까지 이 무젤만을 "추방[배제]"에 내맡겨진 인간적 실존의 고통에 대한 아이콘으로

---

* [옮긴이] 무젤만은 나치 집단수용소의 수감자들을 일컫는 말이며, 그들은 심각한 영양결핍으로 인해 거의 아사 직전에 놓인 상태로 뼈만 앙상하게 남아 있는 모습을 하고 있다. 그들의 유일한 본능은 생존의 충동과 먹을거리 찾기뿐이다.

해석하는지가 설명되어야 한다. ('무젤만'에 있어서는 홀로코스트-문헌에 기록되어 있는 어느 한 쇠약해져 죽음에 가까운 집단수용소-수감자의 모습이 중요하다.) 아감벤은 그가 메시아의 십자가 죽음을 통해 깨지는 율법 하에서의 "피조물의 탄식"(로마서 8장 22절)에 관한 바울의 담론을 언급하게 될 때, 간접적으로 이러한 연관을 지시한다. 만약 아감벤이 이러한 연관 하에 '무젤만'에게서 그 '무젤만'이 모든 인간성(존엄, 자율, 동일[정체]성)을 박탈당하여 우리에게 휴머니즘이라는 개념 너머의 인간성을 사유하도록 강제하는 지점에서 나타나는 "메시아주의적 잔여"라는 표현을 본다면, 이것은 바울의 신학에서의 "메시아주의적 잔여"에 관한 담론을 지시한다. 아감벤에게 '무젤만'은 이 무젤만이 모든 인간성을 박탈당한 그곳에서 동일[정체]성을 지시하지 않는 메시아주의적 인간성의 표현이 되고, 동시에 아감벤에게 있어서는 메시아의 이름으로 "나눔의 나눔"을 통해 모든 동일[정체]성 사유가 깨지는 지점에서의 "메시아주의적 잔여"에 관한 담론이 바울에게 나타난다.

우리가 여기서 아감벤의 호모 사케르 이론과 연관한 그의 바울-독해에 관한 정치적 함축들을 지시하는 경우, 이는 또한 이 연구의 제3부와 제4부에 소개한 슬라보예 지젝과 에릭 샌트너의 바울-해석들이 아감벤의 생명정치적 해석에 분명히 관계하기 때문이며, 그때 특히 "추방[배세]"이라는 아감벤의 개념구상에 관계하기 때문이기도 하다.

고통의 아이콘으로서 '무젤만'

'무젤만'에 있어서는 아우슈비츠에 대한 프리모 레비Primo Levi의 기록들뿐만 아니라 다른 홀로코스트-생존자들의 보고들 속에서도 중심적 의미를 지니고 있는 하나의 형태Figur가 중요하다. 레비는 신체의 쇠약으로 말미암아 다른 동료포로들한테 자신들을 거의 '살아있는 시체들'로 보이게끔 만든 무감각[무정동]Apathie의 상태에 도달한 수용소 수감자들에 관해 다룬다. 이것이 아우슈비츠에 대한 아감벤의 숙고 속에서 상징적 위상을 획득하고 있는 형태이다. '무젤만'은 —— 그리스 신화에서의 고르곤Gorgone을 보는 것처럼[47] —— 관찰자에게 죽음을 초래하고, 따라서 —— 본래 가장 긴박하게 증언을 필요로 하는 —— 바로 그것을 증언할 수 없게 만드는 어떤 무엇을 본 자이다. 아감벤에게 '무젤만'은 바로 증언자의 결정적 형태이다. 왜냐하면 죽음의 수용소의 거의 유일한 증인으로서 그 무젤만은 더 이상 증언할 수 없기 때문이다. 말하자면 그 무젤만은 증언할 수 없는 것의 증인이다. 거기서 레비의 고르곤-신화에 대한 지시는 '무젤만'에 대해 레비가 진단하는 "살아 있지-않[음]"Nicht-Lebendig[keit](아감벤, 『아우슈비츠』, 71쪽[국역본 124쪽 참조])을 논점으로 가져가는 비유적인 바꿔 쓰기이다. '무젤만'의 얼굴은 질겁하는 어떤 공백Leere의 표현이다. '무젤만'은 고르곤을 대면하고 그때 자신의 인간성을 상실한 것으로 보인다. 그 무젤만은 다른 수용소 수감자들한테조차도 연민과 동정보다는 오히려 낯섦과 공포를 유발한다. 아감벤은 게다가 '무젤만'의 얼굴 없음 속에 집단수용소 자체의 본질이 은폐되어 있다고 주장하는 데에까지 나아간다. 그래서 아감벤의 해석 속에서 '무젤만'은 "한갓된 삶"을 생산하는, 그리고 ─ 아감벤이 묵시록적으로 해석하듯이 ─ 또한 현대 사회들 속에서 정치적 억압의 현행적 형식들이 전혀 더 이상 우리의 이목을 끌지 못할 만큼 모든 것을 에워싸게 된 추방[배제]이 근본적으로 더 이상 물리쳐질 수 없이 명백해졌다는 점을 대변한다. 아감벤은 자신의 음울한 현재진단 속에서 바울과 같은 예언자의 역할을 취한다. 우리는 그에게서 무지막지한 절박함에 의해 열렬한 의지로 드러나게 되는 사회고발적 지각방식과 마주치게 된다.

위에서 이미 명백해졌듯이 아감벤은 바울의 메시아주의 속에서 인간의 실존은 그것이 메시아의 이름으로 발생하는 곳에서는 더 이상 어떤 확고한 동일[정체]성도 허용하지 않는다는 사유를 본다. 왜냐하면 메시아 예수 안에서의 삶은 "나눔의 나눔"이라는 의미에서 언제나 또한 인간의 동일[정체]성을 그것이 결정화되려고 하자마자 깨트리기 때문이다. 그래서 어떤 의미에서는 ─ 아주 역설적이고 어쩌면 또한 (도덕적으로) 아주 미심쩍게 들릴지도 모르지만 ─ '무젤만'이라는 고통의 이야기 Leidensgeschichte 는 "한갓된 삶"의 최종 단계에서의 인간의 이러한 무정체성의 어떤 무엇을 나타내 보이는데, 이러한 무정체성을 아감벤은 바울적 메시아주의 속에서 재인식한다. 그때 아감벤의 상론들은 측량할 수 없는 고통Leiden에 대한 너무 이론적인 이용으로 인해 심기불편을 유발할 수 있다. 아감벤이 전형과 한계형태로서의 '무젤만'이 자신의 고통을 구현하듯이 집단수용소 안의 유대인들의 고통을 바울의 메시아주의와 관련시키는 경우, 그는 바울을 곧바로 에클레시아Ekklesia[부름받은 자들이라는 뜻으로 무형의 교회를 지칭함]의 창시자로서 이해하는 것이 아니라 그를 유대교적 메시아주의의 이론가(그리고 완성자?)로서 복권시키려 한다는 점이 망각되어서는 안 된다. 이러한 지적은 아감벤이 홀로코스트 희생자의 고통[수난]을 그리스도교의 이론적 시조의 교설을 가지고 곡해함으로써 그가 그 고통을 무시했다는 외견에 대한 반론으로 작용할 것이다. 아감벤은 유대교에 대해 바울을 회복시키려 하며 이러한 의미에서 "메시아주의적 잔여"에 대한 그의 담론들이 이해될 수 있다.

'무젤만'이 더 이상 인간적인 아무것도 지니지 않고, 결코 더 이상 연민을 유발하지 않는 바로 그 지점에서 아감벤은 바울과 마찬가지로 예수 그리스도 안의 탈-존이라는 자신의 개념을 가지고 인간-임[존재]Mensch-Sein에 대한 우리의 개념들의 한계들을 문제 삼도록 만드는 거의 예언자적인 하나의 형태를 그 무젤만 속에서 본다. 여기서 "잔여"는 하나의 신학적-메시아주의적 개념이다. "잔여"는 단순히 구원받는 이스라엘의 어떤 숫자적 할당이 아니다.

"[오]히려 잔여는 이스라엘이 종말에 대해, 즉 메시아적 사건과 선택에 대해 직접적인 관계가 맺어지는 그 순간에 그 이스라엘이 취하는 일관[지속]성Konsistenz이다. 그러므로 구원에 대한 잔여의 관계 속에서 전체(민족)는 필연적으로 잔여의 위치에 놓인다." (아감벤, 『아우슈비츠』, 142쪽[국역본 240쪽 참조])

'무젤만'이 자신에게서 모든 인간-휴머니즘적인 것이 박탈되어 있고 휴머니즘이 더 이상 곧바로 그 '무젤만'에게 인간임이라는 속성들을 귀속시킬 수 없는 지점에서 거의 메시아적 인간임이라는 "잔여"-존속이 나타나게 되는 것과 마찬가지로, 바울은 아감벤의 해석에 따르면 로마서신에서 메시아적 사건을 "이스라엘 민족과 동시에 이방인들을 나누는, 그리고 가를 때마다 그들을 잔여의 위치에 놓는 일련의 단락으로서"(아감벤, 『아우슈비츠』, 142쪽[국역본 240쪽 참조]) 사유한다. 메시아와 메시아적 시간 속의 삶으로서 그리스도 예수 안의 삶은 — 그렇게 사람들은 말할 수 있을 것이다 — 추방[배제] 너머의 전혀 새로운 창조 안의 삶 내지는 동일성-사유 너머의 창조에 대한 전혀 새로운 이해 하의 삶이다. 그래서 "메시아주의적 잔여"의 개념 속에는 아감벤에 의해 해석된 증언의 아포리아Aporie가 동일[정체]성 없는 어떤 동일[정체]성의 메시아적 아포리아와 일치한다. 이로써 아감벤은 구체적 인간들의 고통을 이론화하는 것이 아니라, 그는 — '무젤만'

에 인간성을 귀속시킬 수 없음에 반대하여 —— 그 무젤만의 인간임이라는 메시아주의적 "잔여"-존속을 드러내고자 한다. '무젤만'의 죽음이 하나의 떼죽음이 되는 곳에서 진정한 본래의 죽음에 대한 모든 현상학적 분석은 쓸데없어 보인다. 왜냐하면 아감벤이 주장하듯이 바로 '무젤만'은 더 이상 "하나의 세계 안에" 있지 않는 자이기 때문이다. "[그리고 메시아적 시간이 역사적 시간도 아니고 영원함도 아니고 그 둘을 나누는 틈인 것처럼, 그렇게 아우슈비츠의 증인들은 죽은 자들도 아니고 생존자들도 아니며 멸망한 자들도 아니고 구원받은 자들도 아니고 그들 사이에 잔여로서 남아 있는 자들이다."(아감벤, 『아우슈비츠』, 143쪽[국역본 241쪽 참조]) 아감벤에게 '무젤만'은 거의 하나의 인간-상*Anthropo*-phanie을 환기시킨다. 그 무젤만은 근본적인 피조물의 단계에서 어떤 한 인간성을 나타내 보이는데, 그 인간성은 그 자체의 인식불가능성 속에서만 인식될 수 있다. 왜냐하면 아감벤은 피조물 속에서 인간성의 이러한 "잔여"-존속이 본래 무엇이어야 하는지를 전혀 말하지 않기 때문이다. 그래서 "잔여"에 관한 담론은 아감벤이 휴머니즘뿐만 아니라 실존주의적 현상학(하이데거, 야스퍼스)까지도 극복하고 싶어 사용하는 한계개념을 둘러싼 노력으로서 이해될 수도 있다. 그래서 절대적 추락의 바닥에서 나타나는 인간적인 것은 아감벤에게는 거의 구원하는 특징들을 지니는 하나의 저항적 잔여이다. 왜냐하면 바로 이 잔여는 모든 확정들과 동일[정체]성들로부터 벗어나기 때문이다.

르네상스의 휴머니즘이 인간을 신에 의해 만들어진 존재들 중 최고의 표현으로서 '창조의 완성'으로 칭송하는 것을 통해 특징지어졌다면, 근대 이래로, 그러나 특히 아우슈비츠 이래로 이러한 인간상은 근본적인 흔들림을 경험한다. 가해자들의 '비'-인간적임뿐만 아니라 희생자의 추락한 "한갓된 삶"도 '창조의 완성'의 모든 범주들을 깨트린다. 이제 인간은 단지 많은 다른 요소들 가운데에 있는 현실의 한 미립자처럼 작용한다. 인간은 더 이상 실재성의 실체적 정점으로서 나타나지 않는다. 그리고 아도르노가 아우슈비츠 이후에 사람들은 더 이상 시를 쓸 수 없다는 표현을 만들어낸 것과 마찬가지로 사람들은 아감벤과 관련하여 다음과 같이 말할 수 있을 것이다. 즉 홀로코스트라는 죽음의 수용소들에서 '무젤만'의 출현 이후 사람들은 더 이상 휴머니즘 내지는 실존주의적 현상학의 전통 속에 있는 인간에 대해 말할 수 없다고 한다는 것이다. '무젤만'에게는 더 이상 고유한 죽음도 "죽음을 향하여 있음"도 "진정한" 존재[그것임]도 인간적 존엄도 인지되지 않는다. 무젤만은 연민을 유발하는 것이 아니라, 오히려 몰이해를 유발한다. 무젤만은 "고유한" 죽음도 진정한 죽음도 갖지 않는다. 사람들은 그 무젤만을 무심코 멸시할 수 있다. 왜냐하면 무젤만의 실존은 인간적 고통에 대한 모든 이해를 사라지게 하고 동물적-식물 같은 식생植生을 더 많이 떠올리게 하기 때문이다. "무젤만은 인간이기를 그치는 인간이다"(아감벤, 『아우슈비츠』, 48쪽[국역본 83쪽 참조]). '무젤만'은 추방[배제]과 법칙 없는 법칙이 일상이 된 곳에서의 인간적 실존의 초라함이다. 바로 그 때문에 '무젤만'은 인간의 개념을 더 이상 휴머니즘적 개념들을 가지고 사유하도록 하지 않고 "잔여"에 대한 아감벤의 개념구상과 더불어 새로이 사유하도록 요구한다. '무젤만'은 예언자적 차원을 숨기고 있다. 그의 무능력, 그의 내맡겨져 있음은 예언자적 호소를 구현한다.

아감벤에게 '무젤만'이 규정될 수 없는 인간성의 한 잔여-존속에 대한 살아 있는 예라면, 지젝에게 그 무젤만은 —— 여기서 미리 선취해서 언급하자면 —— 타자성의 윤리학을 무너뜨리는, 그리고 얼굴 없는 동일[정체]성을 통해 (윤리적 호소가 아니라) 오히려 극도의 공포를 불러일으킬 수 있는 형태이다.[48] 다른 한편으로 지젝은 '무젤만'의 몰-인간성의 관점을 넘겨받지만, 그로부터 다른 귀결들을 끌어낸다. 지젝에게 프리모 레비에 의해 기술된 '무젤만'의 "얼굴 없는 현전"은 사람들이 타자에 직면하여 더 이상 곧바로 그 타자의 동일[정체]성 없음에 몰입하지 않게끔 한다는 것이다. "무젤만과 마주쳤을 때, 사람들은 우리의 책무에 대한 무한한 요청으로 우리에게 말을 걸고 있는 그/그녀의 상처받기 쉬움 속에 있는 타자의 심연에 대한 흔적을 그의 얼굴에서 알아차릴 수 없다. 그 대신에 사람들이 깨닫는 것은 일종의 창문 없는 벽과 바닥없음이다."[49] 지젝에게 그것은 일그러진 얼굴이 연민을 일깨우지 않고 도리어 공포를 일으키게끔 한다는 것이다. 그것은 우리의 삶을 위협하고 그 때문에 견뎌낼 수 없고 재현될 수 없는 것으로서의 "실재"와의 조우를 연상시킨다. 아감벤에게 '무젤만'은 지젝과 반대로 자신의 고통의 최고 단계에도 불구하고 개념적인 것 너머의 한 인간성을 지시하는 반면에, 지젝은 그 무젤만 속에서 오히려 우리의 삶의 좌표들을 무너뜨리고 종국에는 우리 안에 정신병적 효과를 유발할 수 있는 괴물을 본다. "깊이결여"("바닥없음")라는 이 관점은 또한 우리가 다음 장에서 보게 될 것처럼 지젝의 바울-해석에서 중심적일 것이다. 지젝에게 케노세 Kenose['비워버림'이란 뜻으로 예수의 '신성포기'를 일컬음]라는 바울적 개념은 바로 타자성에 관한 아감벤의 이해에 대한 반대개념을 포함하고 있다.

법률과 판결에 반대하는 바울과 더불어

아감벤 철학의 많은 영역들에서 간과될 수 없는 메시아주의적 차원은 법률[율법]에 의한 "추방[배제]"의 중단을 표상할 것을 목표로 한다. "공허한" 법률, 말하자면 어떤 한 최종적 정당성을 통해 근거 지어지지 않고 시행되는 법률의 문제는 30년대의 발터 벤야민과 게르숌 숄렘Gershom Scholem 사이의 한 논쟁을 시사한다. 양자는 서신교환 속에서 그리고 1938년 파리에서의 짧은 만남 동안에 카프카Kafka의 작품 속의 주도모티프로서의 "법률"이 바로 그 법률이 더 이상 의미가 없는 곳에서 얼마나 더더욱 강력하게 작용하는지, 다른 말로 하면 잠재능력Potenz으로서 얼마나 자유롭게 지배할 수 있는지의 물음을 주제화하였다. 그렇지만 우리가 이러한 생각을 심화하기 전에, 또한 먼저 벤야민과 바울에게서, 그러나 또한 카프카와 슈미트Schmitt 그리고 숄렘에게서의 법률을 둘러싼 논의의 어느 곳에서 유대교의 토라, 따라서 유대교의 율법에 대한 물음이 아감벤에게 문제가 되는지뿐만 아니라, 더 나아가 21세기의 생명정치적 맥락 속으로 그 물음이 제기되는지가 명확해져야 한다.

질 들뢰즈의 한 주해는 국가권력 내지는 법률에 의한 "추방[배제]"에 대해 내맡겨져[양도되어]-있음Ausgeliefert-Sein의 현대적 형식이라는 이 문제성에로의 진입으로서 이바지할 수도 있다. 한 인터뷰에서 그는 법률과 판결 사이의 일반적 차이에 관해 말하는데, 거기서 그는 특히 판결의 법률로의 환원불가능성을 강조한다.

> "나를 흥미롭게 하는 것은 [……] 법률도 법률들도(전자는 공허한 표현이고, 후자는 맘에 드는 표현이다) 아니고 또한 법[권리]Recht이나 법[권리]들이 아니라 권리주장[법적 요구]Rechtssprechung이다. 권리주장은 실제로 법의 창조자이다. 즉 그 권리주장이 재판관들에 맡겨져 있어서는 안 될 것이다."[50]

여기서 들뢰즈가 환기시키는 것은 권리주장의 순간에 법률과 법률적용 사이에 있는 하나의 틈이다. 왜냐하면 권리주장의 순간에 재판관은 입법자의 "의지"에도 법률의 "문자"에도 예속되어 있지 않으며, 그때 판결은 일정한 수준에서 법률로 환원될 수 없기 때문이다. 법률은 한 특정한 상황에 대한 적용 속에서 유효하지만, 그에 반해 이미 칼 슈미트가 지적했듯이 재판관은 "법률을 파괴하거나 법을 계속 발전시키는 활동"을 구현한다.[51] 재판관은 법률들을 적용하지만, 법률적용의 행위는 본래적 의미에서 법률을 넘어선다. 말했듯이 칼 슈미트는 이것을 분석하였고 그때 법의 실현에 대해 말한다.[52] 물론 판사들에게는 그들이 법률들에 묶여 있다는 점이 인정되지만, 그 점이 결국 말하는 것을 그들은 ─ 니클라스 루만Niklas Luhmann도 지적하듯이 ─ 모든 개별사례들 속에서 확인해야만 한다.[53] 그러한 한에서 판결들의 도출불가능성이 법률에 의한 "추방[배제]"에 대한 아감벤의 주석들 속에서 함께 생각되어야만 하는데, 누구보다도 아감벤은 그 자신을 이러한 법률비판의 이론가로서의 슈미트에 관련시킨다. 법체계 일반에서 결정은 단지 그 결정이 인식을 통해 대치될 수 없는 곳에서만 가능하고 필요하다. 그래서 프리드리히 발케Friedrich Balke는 아감벤에게서의 법률과 판결의 관계에 대해 다음과 같이 적절하게 쓰고 있다.

"독재의 형식변화 및 기능변화 내지는 '입법자적 전권들'이나 '단순화된 입법들'의 발생에 대한 슈미트의 작업들은 정치적인 것의 요점이 법의 내부에서 정당한 수단들을 가지고 사회적 연관들을 '순수한 삶'으로, 따라서 조르조 아감벤의 말로 하면 한갓된 삶bare life으로 변형시키며 통치기술적으로 — '단순화된 절차들'에 의해 — 그 사회적 연관들을 마음대로 처리할 수 있게 하는 하나의 영역을 배제시킨다는 점에 있다는 것을 보여준다."[54]

말하자면 이미 칼 슈미트는 주권적 인격의 자리가 이미 오래전에 더 이상 레비아탄Leviathan을 받아들이지 않는다는 점을 분명히 한다. 그 자리는 "특별히 열려 있고, 그래서 그때그때마다occasionell 점유될 수 있게"[55] 남아 있다. 하나의 귀결은 우리가 오늘날도 여전히 계속해서 카프카식 작중인물들처럼 '심판Gericht 앞에' 서 있을 수 있다는 것이다. 그때 이 심판들은 "어떠한 법전에도 기록되어 있지 않은 [······] 판단형성이나 가치평가의 기준들을 작동하게"[56] 한다. 그래서 아감벤이 "추방[배제]"으로서 묘사하는 것은 — 그의 바울-독해로 다시 돌아오기 위한 — (옛?) "율법[법률]" 자체의 본연의 일부이지 우연적인 것이 아니다. 그런데 나에게는 하나의 구체적인 주권적, 국가적 권위를 넘어 전개되는, 그리고 "추방[배제]"을 한편으로는 더욱 비가시적이게 규정하고 다른 한편으로는 그럴수록 현대적 국가시민Staatsbürger의 일상을 더 지배적으로 규정하는 현대의 증가하고 있는 생명정치적 권력구조들에 대한 아감벤의 이론을 확장하는 것이 타당하게 보인다. 아감벤 자신이 이러한 연관을 주제화하지는 않을지라도, 그에게는 추방[배제]이 일반적으로 언제나 주권자의 매체이자 요소이기 때문에, 글로벌화 과정 속에서 정치적 협의체들의 커져가는, 그리고 이미 상투어가 되어버린 권력공백[레임덕]은 "추방[배제]"이 완전히 새로운 차원들을 전개할 수 있다는 것을 보여준다. 만약 정치적 제도들이 그 주권적 힘의 일부를 예를 들어 경제적 이해집단들에 양도하는 경우, 그것은 당연히 "법률에 의한 추방[배제]"이 그러한 일을 통해 줄어든다는 것을 말하지는 않는다. 오히려 그것은 "추방[배제]"이 하나의 더 광범위한 얽힘을 통해 간파될 수 없는 카프카식 구조들을 전개시킨다는 것을 의미할 수 있을 것이다.

현대의 조건들 하에서 계속해서 지속하거나 게다가 확산되는 "추방[배제]"의 전능[전권]이라는 이 배경 앞에서 또한 왜 아감벤이 **호모 사케르** 형상을 오늘날의 인간적 실존의 상징으로 삼는지, 그리고 그가 "부활"과 "그리스도 안의 삶"에 대한 바울적 담론과의 논쟁 속에서 이 그리스도 안의 삶을 아우슈비츠라는 전통 속에 있는 한 사회와의 근본적 단절로 보는지가 이해될 수 있다.

그래서 또한 아감벤은 이미 언급한 벤야민과 숄렘 사이의 논쟁에 의하면 특히 카프카의 소설세계 속에서 법률에 의한 "추방[배제]" 가운데에 있는 그러한 하나의 삶이 문학적으로 연출되었다고 본다. 카프카의 소설 『소송』*Prozeß*의 인물 K는 바로 누가 "예외상태"에 대해 결정할 수 있는지, 즉 누가 주권자이고 관료세계의 최상의 책임자인지가 불명료하다는 이유로 추방[배제]으로부터 벗어나지 못하며 추방[배제]을 고집하길 그만두지 않는 하나의 텅 빈 권력의 의미중심 주위를 속수무책의 한 수색자처럼 헤맨다. 그리고 바울이 로마서 7장 15-19절에서 "나는 내가 하는 것을 [……] 알지 못한다. 왜냐하면 나는 내가 원하는 [……] 것을 하지 않고, 오히려 내가 원하지 않는 것을 하기 때문이다."라고 기록하고 있는 경우, 바울은 아감벤의 말대로 "자신에 대해서는 전혀 시행할 수 없게 되어버린 한 율법[법률] 앞에 있는 인간의 상태가" 얼마나 "두려움에 차 있는지"(아감벤, 『남아 있는 시간』, 122쪽[국역본 179쪽 참조])를 보여준다. 그래서 만약 "전통이라는 병에 걸림"[57]으로써 구멍 난 공허한 법률에 의한 "추방[배제]"이 중단되어야만 한다면, 아감벤은 바울적 메시아주의 속에서 이러한 중단에 대한 하나의 가능한 전환을 본다. 왜냐하면 "메시아적 시간 속에서는 법률의 무효함과 모든 권력의 실체적 불법[부당]성이 드러나기"(같은 책, 125쪽[국역본 184쪽 참조]) 때문이다. 메시아적 시간은 한편으로 법률의 내적인 무법성/무근거성의 비밀을 폭로한다. 그러나 그 시간은 또한 잠재성[실현가능성]Potentialität도 전도시킨다. 아감벤의 호모 사케르 이론에서의 잠재성은 법률에 의한 추방[배제]을 고집하는 암울한 한 차원을 지니며 개체의 삶을 다 소모해 버리는 하나의 힘이 되는 반면에, 그 잠재성이 그의 책 『도래하는 공동체』*Die kommende Gemeinschaft*[국역본: 『도래하는 공동체』*La Comunita che viene*, 이경진 옮김, 꾸리에, 2014]에서는 윤리학의 유일한 토대가 되며, "인간의 고유한 가능성과 잠재능력Potenz이라는 인간의 가장 고유한 본질을 형성한다."[58]

어떤 의미에서 아감벤은 단독적 실존의 층위에서의 잠재성에 대한 자신의 적극적 해석을 통해 마르틴 하이데거를 따르는데, 하이데거는 인간 현존재의 현행화에 대해 그 인간 현존재의 잠재능력의 우위를 강조한다. 이러한 생각은 『존재와 시간』*Sein und Zeit*을 관통하여 『졸리콘 세미나』*Zollikoner Seminare*까지 이어진다. 하이데거에 따르면 현존재에 있어 결정적인 것은 그 현존재의 잠재성이다. 말하자면 현존재는 "들어서[겪어서] 알 가능성들"Vernehmensmöglichkeiten이라는 하나의 열린 영역으로 이해된다는 것이다. 존재론적으로 인간의 실존은 존재자Seiende의 닫혀 있고 고정된 대상과 비교될 수 없다. 왜냐하면 그 존재자는 '단지' 가능성들, 말하자면 잠재성들로만 이루어져 있기 때문이다. "인간 현존재는 들어서[겪어서] 알-수 있음Vernehmen-können의 영역으로서 존재하는 것이지 결코 한낱 현전하는 대상이 아니다."[59] 주권적 권력-잠재능력은 삶이 그 자신을 "한갓된 삶"으로 선언하는 지점에서 그 삶에 대해 결정하는 반면에, 현존재에 대한 하이데거의 개념구상은 실존을 끊임없이 자기 자신의 불확실성, 따라서 자기 자신의 가능성 및 잠재성과 더불어 씨름하고 있는 어떤 무엇으로 이해한다. 여기서 잠재성은 위협하는 "추방[배제]"이 아니라, 오히려 가능성과 불가능성에 대한 고려 하에 자기 자신의 고유한 탈-존 안으로 [들어가려고] 스스로-애씀Sich-Hineinarbeiten

이다. 현존재는 그 자신의 고유한 가능성으로서 그 자신의 고유한 존재방식이고, 그래서 이러한 의미에서의 잠재성은 "도래하는 공동체"에 대한 아감벤의 이해에 있어 전적으로 결정적이다.

마침내 아감벤은 바울의 메시아주의에 대한 주석들에서 또한 칼 슈미트에 대한 자신의 비판을 표명한다. 칼 슈미트가 테살로니카인들에 대한 사도 바울의 두 번째 서신[데살로니가 후서]의 도움으로 국가적 권력행사에 관한 그리스도교적 교설을 위한 하나의 기반을 갖게 된다고 생각했다면, 아감벤은 바울에게서 혁명으로 새로운 율법[법률]을 통해 율법을 단순히 교체만 하지 않고 그 율법의 잠재능력을 자신의 가장 깊은 내면에서 파괴하는 이론가를 본다. 칼 슈미트에게 국가는 그리스도의 부활과 그의 재림(파루시아) 사이에서 세계가 하나의 종말론적 마비상태에 빠지지 않고 오히려 "역사의 영향력"을, 다시 말해 결단Dezision을 행사할 수 있기를 애썼던 권력이었다. 그에 반해 아감벤은 "믿음의 법"이라는 바울의 이해 속에서 율법은 정당성Legitimität이라는 하나의 환영에 기인하는 까닭에 바로 "추방[배제]"의 합법성Rechtmäßigkeit이 나타난다고 본다. 그래서 그 율법은 현세적 지배에 대한 "역사의 영향력"의 표현이 아니다. 그 대신에 바울과 더불어 "옛 율법"이라는 권력의 거대한 비밀, 즉 그 율법의 본래적 실체와 무정당성Legitimitätlosigkeit이 폭로된다. 예를 들어 슈미트가 로마 제국 속에서 본 파루시아의 "지연"의 긍정적 가치는 "아노미아anomia[무법 또는 불법]의 비밀, 말하자면 율법의 무법성Gesetzlosigkeit

이라는 비밀이 완전히 밝혀지기 위해 (아감벤에게서처럼) 바울에게서 제거되어야만 한다.

그것을 넘어 아감벤은 자신의 『호모 사케르』에서 4부작을 명백히 단테의 『신곡』 *Göttliche Komödie*에 관련시키는데, 그때 '무젤만'에 대한 그의 해석 속에서의 그리스도교와의 관련성은 그 '무젤만'이 —— 우리가 위에서 보았듯이 —— 그 자체로 거의 "메시아적" 형상이 된다는 것과 아감벤의 바울 - 책에서의 "메시아주의적 잔여"에 대한 바울의 담론이 명백히 그 무젤만과 관련된다는 것을 통해 나타난다. '무젤만'은 아감벤에게 그 자체로 (그리고 단테의 『신곡』에 대한 아감벤 자신의 지시를 통해) 또한 그리스도의 "수난의 영광"Gloria passionis을 암시하는 고통[수난]의 아이콘이 된다.[60] 성스러움은 불구가 된 육체에서 나타난다. 그때 그 육체는 바로 신의 포기의 상Bild으로 나타나게 되는, 그리고 그와 더불어 율법의 무너짐으로 나타나게 되는 근본적 수동성, 즉 그야말로 무능력이며 무감각[무정동]이다. 아감벤은 이러한 관점을 또한 카프카의 이야기 『법률 앞에서』 *Vor dem Gesetz*에 대한 자신의 해석 속에서도 전개한다. 그 이야기 속에 기술된 '시골 사람'Mann vom Lande이 법률 안으로 들어가길 감행하지 않고 무감각하고 수동적으로 그 법률 앞에서 자신의 생애 마지막까지 꿈쩍 않고 머물러 있는 이유는 전능한 법률에 마주한 그의 무능력/무감각이 결국 십자가에 달린 자의 무력함과 어느 정도 관계하는 하나의 간지List를 구현하기 때문이다. 결국 바로 그 남자의 무감각, 즉 법률의 문 앞에서 꿈쩍 않고 머물러 있는 그의 인내는 그 법률이 폐해지는 데로 이끈다. 그래서 그 '시골 사람'은 ('무젤만'과 유사하게) 그리스도와 같은 메시아적 형상이다. 왜냐하면 그는 법률에 의한 추방[배제]-영역 안에 나타나서 이 법률을 바로 그의 무능력, 즉 무감각을 통해 깨트리기 때문이다. 바울에 따르면 무기력함의 이러한 힘은 포기, 즉 자기양도[자포자기] 속에서 드러난다. 그리스도가 율법에 의한 추방[배제]을 대홍수와 신적 전능의 다른 수단을 통해서가 아니라 체념을 통해 깨트리는 것처럼 그와 유사하게 '시골 사람'에게는 법률의 문이 폐쇄되게 된다. 그래서 아감벤은 카프카의 이야기 속에서 작동하고 있는 하나의 메시아적 간지를 본다. 마찬가지로 참된 아이콘 vera icona으로서 그리스도의 형상 역시 "인간의 아들"이 한편으로는 현세의(로마의) 법률에 양도되어[내맡겨져] 있고 동시에 종교적(유대교적) 율법에 양도되어 있으며 십자가에서 스스로 무기력함을 보여주는 수난 Passion 속에서 피조물의 고통을 구현한다. 마가-복음에 따르면 그리스도의 십자가 죽음은 탈인간화 Entmenschlichung가 하나의 신의 상 Theophanie으로 바뀌고 (규율에 치우친) 옛 율법이 바울에 의해 선포된 믿음의 새로운 법을 통해 대체되는 영점이다. 십자가에 달린 메시아는 근본적으로 법률적-법학적 멍에를 지고 있는 삶을 현시하는 자이다. 십자가에 달린 메시아의 실존은 그 순수한 원시 코스모스적 존재로 환원된다. 그것은 바울에게 중요한데, 왜냐하면 신이 스스로를 현세적-종교적 율법의 멍에를 지고 있는 형상으로 만들고 바로 자신의 죽음을 통해 그 율법의 권력을 파괴하기 때문이다. 남아 있는 것은 사회상징적 의미 자체의 예외상태에 대한 구체화이다. 그리고 아감벤이 '무젤만' 속에서 하나의 메시아적이며 규정될 수 없는 인간-임[존재]이라는 "잔여"를 보며, 그 무젤만이 인간에 관한 우리의 개념구상들을 깨트리고, 바로 그 '무젤만'이 더 이상 인간이 아닌 것으로 보이는 곳에서 하나의 "잔여"를 나타나게 하는 것처럼, 마가-복음에 따르면(마가복음 15장 39절) 로마 부대장[백부장]은 바로 십자가에 달린 무기력한 피조물 예수의 죽음 속에서 바울이 다마스쿠스로 가는 길 위에서 만나는 메시아를 인식한다.

도래하는 공동체, 하나의 인형극?

아감벤의 바울-해석에 따르면 그리스도 안의 삶은 메시아주의적 예외상태에서의 삶이다. 아감벤은 이 삶을 정치적 반란 너머의 한 영역에 정착시킨다. 왜냐하면 바울에게는 한 율법을 다른 율법을 통해 대체하는 것이 아니라 추방[배제]의 메커니즘에 기인하는 율법과 주권의 내적 논리를 모두 다 중지시키는 것이 관건이기 때문이다. 그것은 왜 바울이 노예조차도 자신의 노예신분이라는 추방[배제]으로부터 탈출할 필요는 없다고 말하는지를 이해시킨다. 바울에게 그리스도 안에서의 부활은 "피조물"로서의 삶의 끝을 의미한다. 그리고 아감벤이 거의 바울적인 열정으로 다음과 같이 쓰고 있다는 것은 그다지 놀라운 일이 아니다.

"우리의 시대가 사유의 과제로 부과하는 것이 단지 의미 없는 타당성으로서의 법률의 가장 피상적이고 극복될 수 없는 형식에 대한 인식에 있을 수는 없다. [……] 다만 법률의 모든 이념 너머의 버림받은 존재를 사유하는 것이 이루어질 때에만, 우리는 주권의 역설로부터 빠져나와 모든 추방[배제]에서 벗어난 정치의 방향으로 나아갈 것이다." (아감벤, 『호모 사케르』, 70쪽[국역본 137쪽 이하 참조])

"[……] 최후의 날 이후 지상을 채우는 삶은 단순히 인간의 삶이다." (아감벤, 『도래하는 공동체』, 13쪽[국역본 16쪽 참조])

아감벤이 이러한 표명들과 더불어 넘어서고자 하는 것은 "근본적으로 새로운 존재론에 대한 종말론적 기다림"이다.[61]

그러나 우리는 도대체 "추방[배제]" 너머의 삶, 즉 아감벤이 『도래하는 공동체』에서 시사하는 것과 같은 '존재론적 전도'에 따른 삶을 표상할 수 있는가? 그의 그러한 "도래하는 공동체" 속에 있는 우리에게는 —— 칸트가 『실천이성비판』 Kritik der praktischen Vernunft에서 기술하듯이 —— "신과 영원성이 그 두려운 위엄과 더불어 끊임없이 우리의 눈앞에" 놓여 있지 않겠는가? 아마도 우리가 "기껏해야 **합법칙적인** 행위들을 두려움으로 인해" 행할 것이며, "다만 약간은 희망으로 인해 행할 것이고 결코 의무로 인해 [······] 행하지는 않을 것"이라는 하나의 효과는 있을 것이다. 행위들의 도덕적 가치, 말하자면 잠재능력 자체의 윤리적 차원은 "전혀 존재하지 않[을 것이]다."[62] 인간의 태도는 한갓된 메커니즘으로 변할 것이며, 모든 것이 "훌륭하게 **동작하는**"[63] 하나의 인형극이 될 것이지만, 인형들 속에서는 어떠한 생명[삶]도 만날 수 없을 것이다. 그 대신에 여기서 아감벤에 반대하여 단지 아감벤이 추방[배제]이라고 일컫는 것, 말하자면 그가 너무 과장하여 표현하는 것 속에만 있는 인간은, 즉 단지 "호모 사케르"로서의 인간은 결국은 규정될 수 없는 인간성의 담지자라는 테제가 주장되어야 할 것이다. 바울의 "마치-~이 아닌-것처럼" 속에서의 삶을 위한 우리의 자유는 오로지 법률에 의한 추방[배제]을 통해서 그리고 그 추방[배제] 속에서"만 존립한다. 그러한 한에서 추방[배제]은 결국 그 추방[배제]에 항상 대립해 있는 실존의 조건이다. 아감벤의 메시아주의가 시사하듯이 그 추방[배제]이 실제로 하나의 "도래하는 공동체" 속에서 하나의 새로운 '단독[개별]적 잠재능력의 추방[배제] 없는 존재론'을 통해 대체된다면, 이 공동체는 인형들의 공동체일 것이다. 규정될 수 없는 인간성은 **호모 사케**

르를 통해 비로소 드러난다. 순수한 자기-잠재능력을 갖추고서 하나의 "도래하는 공동체" 안에 살게 될 단독[개별]성들Singularitäten로서의 인간들은 전적으로 인과적 결합들에 예속되어 있을 것이다. 그러한 한에서 인간의 자유, 즉 추방[배제]을 극복하는 역량은 이 추방[배제]이 신학적으로 입법자로서의 신을 통해 이해되든 세속적으로 국가의 권력-구조들과 관련하여 이해되든 간에 오로지 그 추방[배제]과의 관련 속에서만 존립한다. 국가는 자신의 추방[배제]-선고 속에서 비로소 이 추방[배제]-선고 너머의 인간성을 인식할 수 있게 한다.

그래서 만약 우리가 아감벤의 카프카에 대한 언급을 다시 받아들인다면, 소설 『성』*Das Schloss* 속의 인물 K는 그 K가 성 아래쪽 관료세계의 무법성의 환영에 관해서 알긴 하지만, 곧바로 그의 주권자 찾기와 더불어 세상을 그 세상의 본래적인 '물질화'로부터 지키고 싶어 한다고 해석될 수 있을 것이다. 그런데 K로 하여금 성주를 찾도록 만드는 그 성주에 대한 믿음을 지키고 싶어 함은 부재하는 합법성에 대한 명목상의 폭로하고-싶어 함보다 훨씬 더 큰 윤리적 실행이 아닌가? 주체의 물질화는 바로 성소유주, 즉 외부세계의 저항에 대한 '단단한 핵심'이 실제로 더 이상 없을 때에 비로소 시작될 것이다. 이러한 저항을 통해 비로소 주체는 주체가 된다. 이러한 의미에서 사람들은 K가 '시골 사람'과 거의 마찬가지로 관료주의적 추방[배제]-구조들을 가진 세계의 희생자가 아니라 추방[배제]이라는 생활필연적인 세계를 고집하는 것이라고 말할 수 있을 것이다. K가 그렇게 할 때에만 주권자도 있을 것이며, 그러할 때에만 그는 자신의 일 속에서 자신을 주체로 실현할 수 있다. 인간은 자신에게 가상[예지]계Noumena의 영역이 아감벤의 "도래하는 공동체"의 영역과 마찬가지로 접근할 수 없이 남아 있을 때에만 추방[배제] 속에서도 인간적이다. 그래서 바울은 아감벤과 반대로 곧바로 기존의 정치적 관계들에 대한 메시아주의적 전복을 호소하지 않고 오히려 카이로스가 연대기적 시간의 일부가 되었다고 선포한다. 바울이 율법은 의미를 잃지 않는다(로마서 3장 31절)고 말할 때, 그것은 단지 —— 아감벤이 시사하듯이 —— 율법에서의 규범Nomos-차원의 포기만을 뜻하는 것은 아닐 것이며, 그렇다면 오히려 이 율법은 특히 "한갓된 삶"을 생산하는 잔인한 권력으로서의 규율이 비로소 "믿음의 법"(로마서 3장 27절)을 경험할 수 있게 하는 것임을 의미할 수 있다.

# Ⅲ. 슬라보예 지젝
Slavoj Žižek

그리스도교의 전투적 태도에 대한 변론을 위하여

신은 죽었으며, 더 이상 아무것도 허용되어 있지 않다.

— 자크 라캉Jacques Lacan

슬라보예 지젝은 다수의 텍스트들에서 바울과 관계한다. 여기서는 그의 책 『인형과 난쟁이』*Die Puppe und der Zwerg*[국역본: 『죽은 신을 위하여』]⁶⁴가 중심에 서 있을 것인데, 왜냐하면 이 책이 특히 상세하게 주제에 전념하기 때문이다. 『인형과 난쟁이』는 벤야민의 첫 번째 역사철학 테제와의 논쟁을 아감벤과 연결시키고, 또한 이 책은 유물론적 바울-해석을 바디우와 연결시키는데, 그 유물론적 바울-해석은 결국 벤야민에 의해 규정된 (역사적 유물론의 환유로서) 인형과 (신학의 환유로서) 난쟁이의 지위들의 역전으로 이끈다. 지젝의 다른 저술들은 나중에 그것들이 이 책의 논변들을 심화시키는 데에 도움이 될 때마다 이용될 것이다.

지젝의 그 책은 4년간의 그리스도교 옹호를 위한 그의 세 번째 개입을 표시한다. 그 책은 앞서 출간된 그의 두 책 『무너지기 쉬운 절대』The Fragile Absolute(2001)[국역본: 『무너지기 쉬운 절대성』, 정재영 옮김, 인간사랑, 2004]와 『믿음에 대하여』On Belief(2001)[국역본: 『믿음에 대하여』, 최생열 옮김, 동문선, 2003]에 대한 하나의 종합을 보여준다. 비록 그 책은 바디우와 아감벤이 그들의 저작들 속에서 행한 것과 같은 직접적인 바울-해석을 제공하고 있지는 않지만, 그래도 다음과 같은 두 가지 시각들이 이목을 끈다. 즉 하나는 그 책을 주도하는 바울 언급으로서 바울이 유다와 비교된다는 점과 다른 하나는 바디우의 정치철학과의 논쟁으로서 거기서 바디우의 정치철학이 정치적 질서에 대립하는 그리스도교적 주체에 대한 규정에 의해 특징지어져 있다는 점이다.

지젝은 『인형과 난쟁이』에서 사람들이 전통적 방식으로 유대교적-그리스도교적 유일신론Monotheismus을 이교적 다신론Polytheismus에 대립시킨 거의 모든 알려진 논변들을 뒤집는다. 그는 수학적 집합론에 대한 알랭 바디우의 철학적 해석으로부터 출발하여 다신론이 "일반적으로 나눠진 신들의 다양의 (배후-)근거를 전제하는"(지젝, 『인형과 난쟁이』, 26쪽[국역본 41쪽 참조]) 한에서, 다시 말해 그리스적 신들의 다양의 모체Matrix로서 거의 유일신론적인 통일성Alleinheit[모두인 하나]을 전제하는 한에서 다신론을 하나의 간접적 유일신론으로 해석한다. 신들의 다양은 이 다양을 다양으로 나타나게 하고 임의의 어떤 무엇으로 나타나게 하지 않는 모두이자 하나인 것Alleinen의 개념구상을 함축한다. 그에 반해 유대교적-그리스도교적 전통의 유일신론은 신 자신이 십자가에서 죽고 그리스도가 —— 바울이 필립피Philippi[빌립보]-서신에서 기록하듯이 —— "자기를 포기하는"(빌립보서 2장 7절) 지점에서 하나의 심연을 신 자신의 고유한 절대성 안으로 끌어들이는데, 말하자면 —— 지젝이 일컫는 대로 —— 하나의 "틈새[균열]Lücke 그 자체는 […] 절대자 자신 속의 틈새"(지젝, 같은 책, 26쪽[국역본 41쪽 참조])이다. 케노세[신성포기]의 그리스도교적 신은 모든 근원에 선행하는 차이이다. 그 신은 그 자신이 도대체 여전히 신인지의 물음을 유발하는 자이다.(같은 책, 26쪽[국역본 42쪽 참조])[65] 많은 실정적 존재자들(이교적 신들의 세계 속에서의 신들)이 "일자一者라는 배후근거"(같은 책, 26쪽[국역본 42쪽 참조])에 마주 서서 다양으로서 현상하기 위해 자기를 중지시켜야만 하는 반면에, 유일신론은 지젝이 신의 자기 자신과의 근원적 불-일치라고 말하는 "이자二者의 신학"(같은 책, 26쪽[국역본 42쪽 참조])이 된다. 여기서 지젝은 니케아 신경Nizänischen Glaubensbekenntnis에 의거하고 있는 근원적 차이의 존재론을 본다. 그 존재론은 4세기 전반부에 아리우스주의Arianismus가 주장한 것과 같이 그리스도는 신과 본질이 같고(동질적homousios이고) 신에 종속되어 있지 않다는 점에 기인한다. 신과 그리스도의 본질동등성은 비로소 케노세를 그 근본에 있어 신의 자기희생으로 해석하도록 허용한다. 지젝이 전개하는 것과 같은 그리스도교적 신의 상Gottesbild의 틈새[균열]라는 이 근원적 배후근거는 자크 데리다Jacques Derrida가 모든 근원성에 선행하는 근원흔적 내지는 "차연"différance의 움직임이라 일컫는 것과 동일화시킬 수는 없다. 언급했듯이 지젝은 그리스도교적 세계상 속의 "틈새"를 알랭 바디우의 존재론으로부터 사유하며 그와 동시에 반-본질주의자들anti-essentialists에 대한 명확한 경계구분 속에서 사유한다.[66] 그래서 지젝에게 그리스도교의 메시아적 약속은 바로 (아감벤과 반대로) 그리스도가 전능한 신에 대한 믿음을 그 반대로 뒤엎는 곳에서 열리는 하나의 빈자리이다. 그래서 지젝의 독해 속에서 바울은 —— 이미 메시아주의적이라 할지라도 —— 메시아주의에 반대하여 메시아적 사건의 형이상학적 빈자리에 관한 신학을 펼치는 신학자가 된다. 구약의 신이 지젝의 독해방식에 따르면 여전히 "피안의 실재적인 것Real Thing"이지만, 그에 반해 그리스도의 신적 차원은 "단지 하나의 조그맣게 찡그린 표정grimace이며, 다른 (보통의) 인간들로부터 그를 구별해주는 하나의 지각할 수 없는 음영"이 된다. 그런 의미에서 그리스도는 더 이상 숭고한 신이 아니며, "오히려 그는 '그것[사물] 자체'the Thing itself이거나, 좀 더 정확히 말해 '그것[사물] 자체'는 그리스도를 온전히 인간으로 만들지 않는 파열/틈새일 따름이다.[67]

이로부터 지젝은 신의 삼위일체라는 그리스도교적 개념구상이 신을 곧바로 존재[있음이자 임]의-존재론Seins-Ontologie 속에 정립시키지 않기 때문에 하나의 "참된 유일신론"(지젝, 『인형과 난쟁이』, 26쪽[국역본 42쪽 참조])을 대변하는 것이라는 첫눈에 소화하기 힘든 주장을 내세울 수 있다. 이러한 주장은 삼위성 Trinität과 더불어 신과 그리스도의 본질동등성 속에 근거한다. 이미 테르툴리아누스Tertullian는 신은 죽었다고 하면서도 영원히 살아 있다고 말하는 것을 그리스도교인들의 신앙이라 불렀었다. 또한 아타나시우스Athanasius도 아리우스주의자들과 아폴리나리스주의적apollinaristischen 무리들과의 논쟁 속에서 십자가에 달린 자를 신으로 고백할 것을 강조하여 주장하였다.[68] 그렇지만 아타나시우스의 십자가에 달린 신에 관한 담론은 그리스도가 "신성 Gottheit 속에서가 아니라 육신 속에서 우리를 위해 고통을 당했다"는 점에서 그 예리함이 무뎌진다.[69] 여기서 테르툴리아누스와 아타나시우스에 대한 두 언급들은 어느 정도로 그리스도교가 이미 초기 시대부터 십자가 죽음에 대한 올바른 이해를 이론적으로 다뤄왔는지를 보여주기 위해 인용한 것이다. 그에 반해 지젝은 (바디우와 일치하여) 존재론적 사유모형을 극복하려는 시도 속에서 타자성의 한 새로운 존재론에 빠지는 레비나스와 데리다의 타자성-철학 내지는 차이-철학에 대해 비판한다. 동일[정체]성의 모든 형식에서 벗어나는 타자성에 대한 이론은 "다름 자체의 지루한" 그리고 "단조로운 동등성"(지젝, 『인형과 난쟁이』, 27쪽[국역본 42쪽 참조])을 고착시킨다고 한다.[70] 어떤 의미에서 이 논변은 해체의 전통에 가까이 서 있는, 모든 동일[정체]성에서 벗어나는 분열 내지는 차이라는 아감벤의 개념구상에 관련된다.

아감벤에 대한 지젝의 비판: 보편적인 것과 잔여

이 책의 제4장에서 결국 지젝은 바디우와 아감벤의 논의 속으로 개입하여 바디우에 대한 아감벤의 비판에 맞서 자신의 책으로 바디우의 보편주의 개념구상을 옹호하고 싶어 한다는 점이 명확해진다. 거기서 지젝은 첫 번째 조처로, 만약 아감벤이 (보편적) 전체와 (개별적) 부분 그리고 마지막으로—부분과 전체를 넘어서는—제3의 크기로서의 "메시아주의적 잔여"에 관해 말하는 것이라면, 그는 헤겔식의 삼항구조를 가지고 논변하는 것임을 지적한다. 따라서 "메시아주의적 잔여"에 대한 아감벤의 개념구상은 바로 내쫓긴 것으로서의 이 잔여가 어느 정도까지 보편적 요구를 제기하는지, 그래서 보편적인 것 자체를 빼놓고는 생각할 수 없는 부정을 어느 정도까지 구현하는지의 문제를 소홀히 한다. 그래서 지젝은 간접적으로, 그리고 확실히 이탈리아 철학자의 의도에 반하여 "메시아주의적 잔여"의 이론을 바울적 보편주의에 대한 바디우의 담론과 화해시킨다. 지젝은 다음과 같이 쓰고 있다.

> "만약 아감벤이 메시아적 차원은 모든 종들을 그것들의 특유한 차이들에도 불구하고 포괄하는 확실한 중립적 보편성이 아니라, 오히려 자기 자신과 각각의 부분적 요소의 불-일치라고 주장한다면, 그와 더불어 보편성이 그 자신의 완전한 동일성을 획득할 수 없기 때문에, 그는 그 보편성으로

하여금 하나의 부분적 요소 안에서 그 보편성 자신의 실제적 현존Existenz을 획득케 해주는 '기표의 논리'라는 중심 테제를 고안해내는 것이 아닌가?" (같은 책, 111쪽[국역본 176쪽 참조])

그러므로 지젝이 아감벤에 대해 비판하는 것은 아감벤이 그 스스로가 본래 자신의 메시아주의적 잔여의 개념을 가지고 극복하고자 희망했던 헤겔의 그 논리에 머물러 있다는 점이다. 그래서 지젝에게 아감벤 이론의 아킬레스건은 메시아주의적 잔여의 개념구상 자체이다. 만약 메시아적 차원이 "자기 자신과 각각의 부분적 요소의 불-일치"(같은 책, 111쪽[국역본 176쪽 참조])라면, 바로 그때 지젝은 그 안에서 보편주의의 극복이 아니라 보편주의의 정초를 본다.[71] 그래서 지젝은 아감벤에 대해 그리스도교의 하나의 중요한 계기가 종교 그 자체의 극복과 더불어 "대타자"의 극복 속에 있음을 보지 못한다고 비판한다. 그렇지만 모든 정치적-철학적 체계에서 벗어난다고 하는 하나의 "메시아적 차원"에 대한 믿음은 다른 한편으로 "불-일치"의 초월이라는 개념구상과 더불어 "기표의 논리"를 뒷문을 통해 다시 들여온다. 아감벤에 의해 메시아주의적 잔여는 자기 자신과 부분적 요소의 틈[간극] 안으로 통합된다. 그래서 아감벤은 바디우의 이론 속에서의 보편주의에 대한 **반대개념구상**이 아니라 보편주의를 보편적으로 나타나게 하는 계기를 제공한다.

"바로 제외된 자들, 즉 글로벌한 질서의 내부에 자신의 고유한 자리를 갖지 못하는 자들은 직접적으로 참된 보편성을 구현하며 단지 자신들의 개별관심들만을 대변하는 모든 다른 이들과 반대로 전체를 재현한다." (같은 책, 112쪽[국역본 177쪽 참조])

그래서 메시아주의적 잔여는 "절대적 차이, 즉 순수한 차이 그 자체"(같은 곳[국역본 177쪽 참조])를 대변한다. 그러므로 바울의 보편주의는 바로 부분적인 것을 그것의 개체성을 희생시켜 자기 속에 수용하는 컨테이너가 아니다. 그 보편주의는 규정될 수 없는 "잔여"와의 지속적인 긴장 속에 있는 보편주의이다. 그래서 지젝에 의해 그 보편주의는 하나의 "근본적 분열이 [······] 모든 부분적 내용을 가로질러 분할하고" 있는 "분투하는 보편성"(같은 곳[국역본 177쪽 이하 참조])으로 묘사된다. 지젝은 자신의 책 『시차』*Parallaxe*(2006)[국역본: 『시차적 관점』*The Parallax View*, 김서영 옮김, 마티, 2009]에서 다음과 같이 쓰고 있다:

"보편성은 특수한 형태들이나 그것들 공통의 척도를 위한 중립적 컨테이너가 아니며, 또한 특수성들로 하여금 그것들의 싸움을 끝내도록 하는 수동적 (배후-)근거도 아니고, 오히려 그 보편성은 이러한 싸움 자체, 즉 한 형태로부터 다

른 특수한 형태로 이끄는 투쟁이다." (지젝, 『시차』, 41쪽[국역본 65쪽 참조])

그러나 지젝의 비판은 아감벤에 한정되어 있지 않다. 그는 실로 진리-사건의 작용소인 부활을 십자가에 달림의 사건으로부터 그리고 그와 더불어 그리스도교 교설의 내용적으로 가장 중요한 부분, 말하자면 케노세로부터 분리시키는 자신의 책 『주체의 까다로움』Die Tücke des Subjekts[72][국역본: 『까다로운 주체』The Ticklish Subject, 이성민 옮김, 도서출판 b, 2005]에서 바디우에 대해 반론을 제기한다. 바디우의 바울-독해에 있어 그리스도의 죽음은 아무 의미도 갖지 않으며, 그 그리스도의 죽음은 —— 바디우 자신이 강조하듯이 —— 본래적인 메시아-사건으로서의 부활과 더불어 명백히 비변증법적 관계에 있다. 바디우의 바울-독해에서 그리스도의 죽음은 어떠한 중요성도 없다. 그에 반해 지젝은 혁명가적이며 해방가적인 주체의 구조모형으로서의 바울을 부정성, 다시 말해 그리스도의 죽음으로부터 이해하려고 한다. 그때 그리스도의 죽음은 이미 성령의 충만을 통해 형성된 미래적 공동체의 일부이다. 지젝은 한 인터뷰에서 다음과 같이 말한다. "헤겔식 독해에 있어 그리스도의 죽음은 [……] 그 자체에 있어 이미 대자적으로 새로운 공동체가 되는 것이다"[73] 하지만 지젝은 바디우에 대한 자신의 비판을 또한 다른 연관에까지 확장시킨다. 이 연관은 매우 복합적이어서 여기서는 단지 간단히 언급될 수 있을 뿐이다. 바디우는—지젝에 따르면—한 상황의 공백, 말하자면 상황의 맹점을 여전히 예외로, 즉 상징적 질서의 외부에 있으면서 그 질서를 깨트리는 것으로 간주한다. 반대로 지젝은 이 공백을 이미 진리-사건의 일부로서, 또는 지젝의 어휘로 하면 "주인기표" 자체의 일부로서 생각하려고 한다. 지젝은 다음과 같이 쓰고 있다:

"구조의 구성적 공백과 주체의 동일화 [······]—그와 같은 동일화는, 비록 순수한 부정적 방식과 방법으로이긴 하지만, 주체를 존재론화한다. 말하자면 그 동일화는 주체를 구조에 공동실체적인 한 존재자, 즉 필연적이며 선험적인 것의 질서에 속하는 한 존재자로 변화시킨다('주체 없이는 어떠한 구조도 없다')." (지젝, 『주체의 까다로움』, 218쪽[국역본 261쪽 참조.])

그러므로 바디우가 하나의 공백을 상징적 질서의 내부에 국소화하며, 주체를 이 장소를 차지하고 그 공백을 점거하여 새로운 진리를 "무로부터"*ex nihilo* 정립하는 것으로서 규정하는 반면에, 지젝은 그 공백을 상징적 질서 자체와 동일한 것으로 이해하려 하는데, 그것은 그가 『주체의 까다로움』에서 말하는 주체의 순환성이 설명하는 것이다.(같은 책 217쪽[국역본 259쪽 참조]) 지젝에게 주체는 영원히 자기를 따라잡으려 하는 것이다. 주체는 상징적인 것과 갈라지는 것이 아니라 자기 자신과 갈라진다. 이는 바디우의 주체 이론에서는 발견되지 않는 생각이다. 그래서 지젝이 거듭해서 "강인한" 주체들 — 안티고네Antigone, 콜로노스Kolonos의 오이디푸스, 시뉴 드 쿠퐁텐Sygne de Coûfontaine — 에 대해 언급하는 경우, 이는 이 주체들이 사회적 상황들로부터 근본적으로 분리되기 때문인데, 말하자면 그들은 그들의 욕망이 어떤 대가를 치르든지 간에 그 욕망을 옹호하기 때문이다.(같은 책 210, 221쪽[국역본 252, 263쪽 이하 참조]) 그 주체들은 기존의 사회적 합의, 즉 사회 안에서 생각될 수 있는 것으로서 받아들여지는 것에 준거하지 않는 진정한 윤리적 행위Akt(하나의 근본적 결단이라고 사람들은 말할 수도 있을 것이다)를 통해 규정된다. 그것과 더불어 윤리적 행위는 자신의 고유한 상징적 질서를 정립하고 자신의 고유한 정당성의 조건들을 확정한다.

이러한 주체-이해로부터 지젝은 또한 해체에 대한 자신의 비판도 표명하는데, 그에게 해체는 정치적 행동Aktion, 즉 정치적 행위에 대한 영원한 유예의 표현이며 고의적이든 고의적이지 않든 수동성의 한 전략에 해당한다. 해체의 윤리학은 모든 정치적 행위가 타자를 '존재론화'할 수 있을 것이라는 가정에 기인한다. 그러나 그러한 윤리학은 모든 야심찬 정치적 이론에 대해 곧바로 전체주의-비판을 제기하도록 이끈다.[74] 그러나 바로 타자를 '존재론화'하는, 다른 말로 그 타자를 우리의 진리요구의 지평 안에 고정시키는 두려움을 지젝은 핑계로서, 즉 정치적 결단을 계속해서 유예하여 사람들이 논란할 수 없을 만큼 지나치게 점점 더 복잡해지는 진리들을 바라보며 정치적 마비상태에 빠지는 행위로서 해석한다. 그래서 해체에 대한 지젝의 비판은 또한 30년대에 정치적 낭만주의(아담 뮐러Adam Müller)에 대해 개진한 칼 슈미트의 비판과 유사한 점들을 갖는다. 그러한 연관성이 떠오르는 것은 예를 들어 낭만주의가 "무한한 배가"의 모티프 속에서 후기구조주의 철학의 중심적 시각을 선취하기 때문이다. 동시에 낭만주의에 대한 슈미트의 결산과 그가 그 낭만주의의 "영원한 논의" 속으로의 도피라 일컬었던 것은 바이마르 공화국의 정치적 위기와의 간접적 대결이었다. 비록 지젝이 그 외에는 슈미트의 정치철학과 아무런 관계가 없음에도 불구하고, 정치적 마비상태라는 그의 진단과 정치적인 전투적 태도에 대한 그의 옹호가 행위에 대한 사유모형, 즉 문화적 차이들과 상대적 진리척도를 지적함으로써 정치를 통한 제약으로부터 자신을 보호하려고 하는 글로벌화의 "강철로 된 껍질"을 깨부수고 싶어 하는 정치적 결단에 대한 사유모형을 어느 정도까지 인식가능하게 만드는지는 이목을 끈다.

그래서 지젝은 바울과 '그리스도교의 유산'에 대한 자신의 옹호 속에서 바디우와 마찬가지로 "위대한 이데올로기적 대의"(지젝, 『인형과 난쟁이』, 41쪽[국역본 64쪽])에 반하는 진리회의주의적으로 되어버린 문화에 대항해 글을 쓴다. 레비나스와 데리다에게서 유래하는 타자성의 철학에 대한 명백한 비판은 차치하고서 지젝은 그 책[『인형과 난쟁이』]의 제1부에서 특히 이른바 소외된

'서구의' 주체가 극동의 조화-지혜를 통해 공격적 태도와 폭력이 없는 무관심을 명상하고 있는 서구 세계에서의 불교-및 선禪-유행에 대한 비판을 표명한다.[75] 지젝에게 내적 자아로의 정신적 여행과 열반 속에서의 그 자아의 소멸은 개체를 보호하는 데로 인도하지 않고, 오히려 바로 그 개체를 시장-메커니즘에 의해 지배된 세계에 넘겨주도록 인도한다. 그 개체는 글로벌화, 즉 감수할 수는 있지만 공생Symbiose 속에서의 통일성[모두인 하나]과 더불어 나타나게 되는 탈주체화된 자아의 입장으로부터는 더 이상 비판될 수 없는 그런 글로벌화라는 더 큰 메커니즘 속의 입자일 뿐이다. 그래서 지젝은 "서구적 불교"에 대해 —— 현상적 세계를 환영의 한 형식으로 이해하려는 —— 불교의 노력은 그가 "실재"라고 일컫는 것의 영역으로부터 도피하는 것이라고 비판한다. "(욕망과 현상적 현실의) 환영에서 벗어나려는 불교적 노력은 실제로 이러한 환영 (안)의 실재를 떨쳐버리려는 노력이다."(같은 책, 26쪽[국역본 41쪽 참조])

심적 갈등들Konflikte은 내적이며 실체적인 조화의 전제 하에 자기침잠 속에 정지하고 있는 자아 주위를 위성처럼 도는 수반현상들이 된다.[76] 그렇지만 지젝에게 자기의식은 내면으로의 한 여행에 기인하지 않고 저항하는 객체세계를 내면화함에 있어서의 내[자아]의 좌초에 기인한다. 바로 그 객체세계는 자신의 단단한 외면을 갖기 때문에, 자기의식을 전개하는 것이 나에게 가능하다. 그래서 그리스도교는 지젝에게서뿐만 아니라 또한 이미 바디우에게서의 바울이 옹호하는 주위세계에 대한 전투적 태도에 의해 지탱되고 있다. 그리스도교는 객체세계에 대해 대립하는 주체-개념, 즉 자기침잠이라는 구원의 길과 마찬가지로 철학적 타자성-신비론 내지는 차이-신비론을 거부하는 주체-개념을 고수한다. 체스터턴Chesterton이 자신의 호교론적 저술 『정교』Orthodoxy(1908)와 더불어 오직 신적인 세계 안에서만 세속화가 가능하다고 지적함으로써 세속화의 아포리아에 맞서 그리스도교를 옹호했다면, 지젝은 (어떤 의미에서는 체스터턴의 신앙심에 반대하여) 그리스도교적 유산을 세계 내의 부당구조들에 맞서 역사적 유물론의 관점으로부터 유일하게 대변될 수 있는 비판의 토대라고 옹호한다. 이는 오직 보편성에 맞춰진 진리개념, 즉 구체적 주체로부터 출발하여 전투적인 진리투사에 의해 대변되는 진리개념에 의해서만 사람들은 맑스주의의 (이데올로기적 유산이 아닌) 유물론적 유산을 새로 살릴 수 있다는 것이고 대안 없어 보이는 자유민주주의적 사회형태에 반론을 제시할 수 있다는 것이다.

아브라함-이삭과 신앙의 역설

갈등들의 내적인 해결에 비해 "진짜 혁명적 해방은 훨씬 더 직접적으로 폭력과 동일시 [……]"(같은 책, 34쪽[국역본 53쪽 참조]) 된다. 지젝은 이러한 "폭력"의 한 예가 키르케고르의 아브라함-해석 속에서 표현되었다고 본다. 아브라함이 자신의 아들 이삭을 죽이기를 명령받을 때, 이는 윤리적인 것과 신의 의지 사이의 정서적 거리 없음이라는 하나의 내적 태도를 훈련하려는 목표가 있는 것이 아니라, 거의 어쩔 도리 없는 강제상황으로서 윤리와 신 사이의 긴장을 유대교적-그리스도교적 신의 [표]상 자체 속으로 함께 들여오기 위함이다. 그래서 지젝에게 아브라함-이삭 장면(창세기 22장 2절 이하)은 사람들이 떠올릴 수도 있을 윤리와 신의 의지에 대한 무관심과는 전혀 다른 것을 묘사한다. 키르케고르에게 그 장면은 신에 대해 윤리적인 것이 하나의 시험으로 현시될 때에만 신앙의 부조리 속으로 들어가게 되는 비약[도약]을 설명할 수 있는 장면이 될 수 있다. 아브라함-이삭 장면이 명확히 보여주듯이 신앙이 곧바로 윤리로 환원되지 않음으로써 그 신앙은 —— 지젝이 말하듯이 —— 결국 "존재의 질서에 하나의 틈"을 만든다.(같은 책, 37쪽[국역본 56쪽 참조]) 이 후자의 생각이 문제없는 것은 아니다. 아브라함-이삭 장면은 또한 그 장면이 현세의 사건들의 주체적 해결에 대한 무관심과 같은, 즉 지젝에 의해 언급된 선禪-군대Zen-Militär 텍스트들 속에서 표현되는 무관심과 같은 윤리에 대한 유사한 무관심을 아브라함에게 부여한다고 읽혀질 수도 있다. 지젝은 당연히 그 성경구절로부터 그 반대, 즉 신이 비윤리적 행위를 명령하는 경우, 그것은 윤리적인 것에 대한 무관심이 아니라 폭력과 윤리 그리고 신 자체 사이의 갈등을 장면-속에-담고 있음을 읽어내고자 한다. 그럼에도 불구하고 이러한 해석이 윤리적 행위와 맹목적 순종 사이의 모순을 해결하지는 못한다.

지젝에게 있어 키르케고르는 『두려움과 떨림』Furcht und Zittern에서 "바로 현대의 후-비극적이거나 메타-비극적 상황은 고도의 필요성이 그야말로 나의 존재의 윤리적인 실체를 배반하도록 강요할 때 일어난다[는 것]"[77]을 보여 주었다. 키르케고르는 아브라함과 신 사이의 갈등에 대한 자신의 독해에서 "신에 대한 절대적 의무"는 개체가 거의 신 자체보다 더 높은 지위를 차지하게 되는 역설을 서술한다는 생각을 표명한다. 아브라함은 "절대자와의 절대적 관계"[78] 속에 있다. 윤리적인 것이 하나의 시험이 되는 순간에 아브라함은 자신의 윤리적 확신들을 거스르게 되는데, 더군다나 오로지 신앙으로 인해서만 그렇게 거스르게 되며, 자신을 현세적 좌표들의 외부에 놓게 된다. 그의 행위는 부조리하게 보인다. 당연히 키르케고르에게 윤리적인 것을 일반적으로 의문시하는 것은 중요하지 않다. 오히려 아브라함-이삭 장면은 갑자기 자식살해자와 신의 사람이 한 인물 속에서 통일될 때 종교가 열어주는 극복될 수 없는 대립관계Antagonismus를 만들어낸다.[79] 그러나 바로 이 대립관계는 키르케고르에게 그리고 또한 지젝에게도 신자 일반 내지는 그리스도교인의 진리사건의 긴장을 형성한다.

신약에서 가톨릭 서신들에 속하는 야고보서신에는 아브라함이 자신의 아들을 죽이는 행위로 자신의 믿음[신앙]을 표현하려고 의

도했기 때문에 정당하다고 되어 있다. 장-뤽 낭시Jean-Luc Nancy
가 이 장면을 해석하고 있고, 또한 폭력의 역설에 대한 그의 해석
이 지젝의 것과 유비적 관계에 놓여 있기 때문에, 여기서 그 해석
이 간단히 언급되어야 할 것이다. 장-뤽 낭시에게 이삭의 희생제
물 장면은 말하자면 믿음[신앙]이 야고보서신의 이해 속에서는 그
자체로 행위결실[업적, 행한 일]Werk이다라는 것과 믿음과 행위
결실-정의가 곧바로 대립적으로 분리될 수 없다는 것에 대한 표
현이 된다. 낭시는 다음과 같이 말한다. "야고보가 우리에게 들려
주는 바는 바로 신앙이란 자신이 행한 행위결실oeuvre이라는 것이
다. [신앙은 행위들을] 만들고 그 행위결실들은 [······] [신앙을] 만
든다." (낭시, 『울타리 허물기』*La Déclosion*, 78쪽)[80] 바울에게 있
어 아브라함의 행한 일Leistung은 그가 임신하지 못하는 자신의
부인에게 자식의 꿈을 신이 이루어 줄 수 있다고 믿었다는 점에
놓여 있는 반면에, 낭시의 독해 속에서 야고보서신의 저자는 그
반대를 생각한다고 한다.

"야고보에게는 이와 정반대이다. 아브라함은 무언가를 했
다. 그는 아들을 바친 것이다. 하지만 [야고보서신에는] 아
브라함이 판단하고 평가한 것에 대해서나 그가 믿은 것에
대해서조차도 아무런 말이 없다. [······] 어떤 면에서 보면,
야고보가 보여주는 아브라함은 아무것도 믿지 않는, 심지어
는 아무것도 기대하지 않는 자이다. 이 아브라함은 어떤

보증이나 보증적 대체물의 질서 속에 있지 않다. 그는 무언가를 확신하게 되지도 설득되지도 않았다. 말하자면 그의 동의는 논리세계logismos 속에 있는 것이 아니다." (같은 책, 79쪽)

그래서 낭시는 살해-하고자 함의 행위를 바라보면서 계산 없이, 보상에 대한 고려함 없이, 그야말로 거의 의미 자체에 대한 희망 없이 그리고 감당할 수 없는 것이라는 한계에까지 이르게 된 믿음[신앙]의 부조리를 명확히 보여준다. 그리고 지젝은 바울이 코린트인들에게 보낸 첫 번째 서신에서 말하는 그리스도교 신앙의 "어리석음"(고린도전서 1장 25절)을 드러내기 위해 아브라함-이삭 장면의 역설을 유사하게 사유한다. 낭시는 다음과 같이 말한다. "신앙이 지닌 '믿기 위한' 이유들raisons은 이유들raisons이 아니다. 요컨대 신앙은 또한 그 자체 설득시킬 만한 아무것도 지니고 있지 않은 것이다."(같은 책, 79쪽) "신앙 그 자신과의 불일치 속에 머무는 신앙[은] [……] 바로 그 점에서 신앙의 참됨[진리]verité으로서의 참됨[진리]이다."(같은 책, 79쪽)

키르케고르와 지젝 그리고 ── 이제는 또한 ── 낭시에 의해서도 해석되고 바울에 다시 연결되는 믿음[신앙]에 대한 근본적으로 주관적인 개념구상의 이러한 역설은 공산주의적으로 규정된 윤리적 규범들에 의해 이해되고, 오히려 오늘날 그리스도교에 대해 통상적으로 인정된 이해에 상응하는 하나의 정치적 좌표체계 안으로는 절대 통합될 수 없어 보인다. 그러나 바로 이것 — 그리스도교에 대한 윤리적-공산주의적 해석 — 은 지젝에게도 낭시에게도 관심 없어 보인다. 오히려 그들은 그리스도교적 신앙의 근원에서의 모든 존재-논리적 차원과의 단절을 노출시키고자 한다.

그래서 아브라함에서 바울에 이르는 신앙-비약이라는 이러한 역설의 배경 앞에서 또한 칸트가 『실천이성비판』*Kritik der praktischen Vernunft*에서 펼치는 그의 요청들*Postulate*도 신앙의 역설을 완전히 중화시키는 전개의 표현으로 보인다.

칸트는 자신의 『실천이성비판』에서 요청을 "하나의 이론적 명제, 그러나 그 명제가 선험적으로 무조건 타당한 실천적 법칙에 분리될 수 없이 결부되어 있는 한에서 이론적인 것으로 증명될 수 없는 명제[……]"라고 부른다.[81] 이 요청들은 "불멸성, [……] 자유, 그리고 신의 현존의" 요청들이다.[82] 요청들은 이론적 교리들이 아니라 "필연적으로 실천적인 고려"에서의 전제들이다. 그 요청들은 사변적 이성의 이념들에 일반적으로 "객관적 실재성"을 부여하고 "그 이념들에 보통은 자신의 가능성을 단지 주장하는 것조차도 할 수 없을 개념들로서의 권한을 부여한다." 요청들에 대한 칸트의 소환으로 신 내지 신에 대한 신앙[믿음]은 인륜[윤리]적 행위를 위한 이성적으로 합당한 조건이 된다. 그러나 키르케고르와 지젝에게 신앙은 바로 인륜적으로 계산하는 윤리학의 모든 형식과의 단절을 대변한다.

주체의 파국적 잠재력

키르케고르가 아브라함의 비인간적인, 하지만 신을 경외하는 신앙의 힘 속에서 보는 근본적이고 개체주의적인 입장은 지젝에게는 (상징적 질서를 통해서는 정당화되지 않는) 진리사건에 대한 충실성에 의해 규정되는 정치적으로 전투적인 주체를 사유하기 위한 하나의 논증적 수레가 된다. 전적으로 이해할 수 없는 신의 의지를 충족시키는 아브라함의 수용자세는 사랑하며 염려하는 아버지, 즉 가부장의 고유한 상징성을 띠는 자기상을 파괴하는 일을 감수한다. 지젝에게 그러한 일은 어떤 의미에서는 자유와 더불어 참된 주체성에 대한 능력을 주체에게 갖추어 주는 세계가 우리에게 의미로 가득 채워주는 것을 희생할 수 있는 능력이다. 그리고 그는 정확히 이 관점이 바울이 신의 "포기"로 해석하는 그리스도의 십자가 죽음 속에 실현되어 있다고 본다.

그래서 지젝에게 키르케고르의 본래적인 신앙의 역설은 신과 인간 사이의 틈이 극복될 수 없는 곳에서 삶의 의미를 신과의 관계 속에서 찾는다는 점에 있다. 믿는 자는 모든 것을 무*Nichts*를 위해[아무 대가 없이] 위험을 감행한다. (지젝,『시차』, 97쪽[국역본 165쪽 참조]) 그러나 말하자면 키르케고르에게는 절대적 헌신(두려운 신의 의지에 대한 아브라함의 헌신이나 십자가에서의 그리스도의 죽음)이 우리에게 어떤 식으로든 (예를 들어 삶이 의미를 지니며, 따라서 신이 실제로 있고, 그래서 또한 이삭 살해행위가 그 어떤 식으로든 의미를 이룬다는 보장을 통해) 보상하는 일종의 교환을 수반한다는 보장이 본래 없을 때에 비로소, 따라서 우리가 보상의 생각을 버릴 때에만 신앙의 비약[도약]이라는 근본[급진]성이 달성된다. 이것을 지젝은 진리에 대한 투쟁에 있어 정치적인 전투적 태도의 제스처에 대한 표현으로 해석하려 한다. 키르케고르는 다음과 같이 말한다. "지성은 무제약자에 마주 서 있게 된다. 모순은 한 인간에 대해 가장 강도 높고 단지 가능할 뿐인 헌신을 하도록 요구하며, 그의 전체 삶[생명]을 제물로 바치도록 요구한다는 점이다 —— 그런데 왜? 물론 여기에는 왜가 없다."[83] 그리고 키르케고르의 한 일기장 기록에서는 다음과 같이 말한다. "첫 눈에 지성은 이것이 미친 짓이라고 말한다. 지성은 다음과 같이 묻는다. 거기서 나를 위해 나오는 것은 무엇인가? 대답은 아무것도 나오지 않는다이다."[84]

지젝은 자신의 책 『시차』에서 폴 클로델Paul Claudel의 드라마 「보증인」Der Bürge에 대해 도미니크 호엔스Dominiek Hoens와 에드 플루트Ed Pluth가 어느 한 라캉-주석과 관련하여 제시한 해석에 의거하여 유사한 본보기를 보여준다. 여주인공 시뉴 드 쿠퐁텐이 마지막 장면에서 그녀가 사랑하는 남자가 그녀의 혐오스럽고 타락한 남편에게 발사했던 총알을 그녀의 몸으로 막았을 때, 그 남편은 죽어가는 그녀에게 왜 그녀가 그렇게 했는지를 묻는다. 그러나 대답이 주어지는 대신에, 그녀의 몸은 오히려 "아니"를 대변하는 일종의 틱Tic[신경성 근육경련]으로 반응한다. 호엔스와 플루트는 그 속에서 그녀의 행동을 진정한 사랑과 충절의 표현으로 해석하는 것에 대한 시뉴의 거부를 본다. 그녀의 행동은 그녀를 둘러싸고 있는 모든 것에 대한 "아니다"이고, 그녀의 몸의 "탁"은 그녀가 "그녀의 것이 아닌 상징적 우주 속으로 들어서갈" 거부한다는 것에 대한 표징이 된다. 호엔스/플루트는 다음과 같이 말한다. "시뉴는 상징적 질서 속으로 주체가 집어넣어지거나 주체가 이 질서를 받아들이기 [······] 시작하는 정확히 그 지점에서 그녀가 '아니'라고 말함으로써 스스로 하나의 의인화된 표징이 된다."[85] 시뉴[르 시뉴 le signe 표징: 저자]는 그녀가 자신을 ― 이타적으로 ― 한 타자, 즉 그녀의 남편을 위해 희생했다는 윤리적으로 유쾌한 생각까지도 거부한다. 시뉴의 "아니다"는 보다 더 근본적이고 오히려 희생의 제스처 자체에 대한 이의제기이자 전통적 질서의 보존을 위한 사랑과 충절에 대해 말하는 상징적 우주에 대한 이의제기이다.

하나의 역설적 사행事行/Tathandlung의 이 동일한 윤리적 구조를 지젝은 마침내 바울과 더불어 그리스도의 십자가 죽음 속에서 본다. 그 십자가 죽음은 그리스도교의 신이 십자가에 달림에도 불구하고 전능하다는 것을 입증하는 것이 아니라, 십자가에 달림에 근거하여 전능하다는 것을 입증한다는 것을 의미한다.[86] 십자가상의 자기죽음은 비로소 위대한 전능자에 대한 신앙[믿음]을 극복하고 피안에 대한 시선을 도리어 창조와 그리스도교의 공동체, 즉 "신자들의 공동체"에로 돌린다.[87] 그래서 사람들은 세계에 그 세계의 타자를 대응시킬 것이 아니라, 오히려 세계가 애당초 그 세계에 놓여 있는 균열로 인해 이미 자신의 타자라는 것을 보여주어야 할 것이다. 그리고 비록 정치적 실제-상황으로부터 탈출하려는 모든 시도가 단지 하나의 정치적 상황의 새로운 정립과 함께 끝날 수 있음에도 불구하고, 우리는 — 지젝이 말하듯이 — 상징적으로 배제된 자를 최선으로 대변하는 "주인기표"를 찾아내야만 한다.[88] 이로써 그는 초월론적인 것은 이미 경험적이고, 잠재력은 어떤 식으로든 이미 현실적이라는 것을 말하고자 한다.

이러한 독해방식에서 십자가에 달린 그리스도는 지젝에게 하나의 부호Chiffre, 내용 없는 한 견본-인간, 즉 니체적 의미에서 인간과 초인 사이의 더 이상 전혀 구별될 수 없는 "특징 없는 사람"Mann ohne Eigenschaften(지젝, 『인형과 난쟁이』, 80쪽[국역본 131쪽 참조])이 된다.[89] 그러므로 그리스도는 신적인 반과 인간적인 반으로 나눠져 있지 않고, 오히려 신의 아들로서의 그의 정체성이 규정하는 것은 "한 존재자의 자기 자신과의 차이[이며] [……] 정화Purifikation로부터 빼기Subtraktion로의 이동"이다. (같은 책, 81쪽[국역본 131쪽과 133쪽 참조])

> "그리스도교에서 신을 인간으로부터 분리하는 틈새는 신-인간으로서의 그리스도라는 형태에서 직접적으로 '지양'되지 않는다. 오히려 십자가에 달리는 가장 긴장된 순간에, 즉 그리스도가 스스로 절망('아버지, 왜 나를 버리시나이

까?')할 때 신을 인간으로부터 분리하는 틈새는 그리스도를 신-아버지로부터 분리하는 틈새로서의 신 자체 속으로 옮겨진다. 여기서 변증법적 술책은 정확히 나를 신으로부터 분리하는 것으로 보이는 특징이 나를 그 신과 합일시키는 특징으로 드러난다는 점에 있다." (지젝, 『시차』, 110쪽[국역본 216쪽 참조])

"그리스도는 자신의 죽어지는 껍데기로부터 벗어나 다시 신적인 것과 하나가 되기 위해 십자가에서 죽는 것이 아니다. 즉 그는 그가 신이기 때문에 죽는 것이다." (같은 책, 116쪽[국역본 223쪽 참조])

그래서 지젝은 계속해서 헤겔과의 명백한 관련 속에서 만약 사람들이 그리스도교의 보편성을 어떠한 부분적 내용도 지니고 있을 수 없는 내적 부정성의 계기로부터 파악한다면, 그들은 단지 바울이 그리스도교의 독특함으로 이해하는 것에 대한 이해에만 도달할 것이라고 주장한다. 부정성은 모든 부분적인 것을 자기 안에 수용할 수 있는 하나의 거대한 컨테이너를 의미하지 않는다. 부정성은 하나의 해체적인 힘, 즉 모든 부분적 내용 그 자체를 허물어버리는 부정적 중력장을 뜻한다.

"참된 헤겔적인 '구체적 보편성'은 정확히 보편성을 내부로부터 열어젖히는 저 부정성의 운동[이다] [……] 보편성이 이른바 하나의 추상적 용기容器라는 간격을 잃어버리는 이 순간에 [……] 비로소 그 보편성은 실제로 구체적이 된다."
(지젝, 『인형과 난쟁이』, 88쪽[국역본 142쪽 참조])

반-종교로서의 그리스도교

지젝에게 실재적인 것은 상징적 형식들의 영역 너머에 은폐되어 놓여 있는 것이 아니라, 오히려 실재적인 것과 상징적인 것 사이의 경계 긋기의 제스처 자체[90]인 것처럼, 케노세[신성포기]의 신은 더 이상 배후세계 속에서 세계를 바라보는 자가 아니라, 자신이 영원성 속에 머무름을 자신이 시간성 내지는 내재 속으로 들어감과 맞바꾸는 자이다.[91] 당연히 지젝 같은 역사적 유물론자는 신이 인간이 되었고 2천 년 전에 시간 속으로 들어왔다는 것을 실제로 믿을 수 없다. 지젝이 유대교와 그리스도교의 신의 상들을 마주 세우는 경우, 이것을 오히려 사람들은 구약과 신약의 신에 관한 담론을 역사적으로 위치시킬 수 있는 담론형식으로 해석하는 역사적 유물론자의 명백한 관점으로부터 이해해야만 한다. 그래서 지젝은 "그리스도교적 유산"에 대한 자신의 옹호 속에서 예전에는 초월적이었고 지금은 내재적인 그리스도교의 신을 당연히 믿지 않는다. 오히려 그는 서양이 그 유산을 넘겨받게 된 그리스도교적 내지는 바울적 담론에 의해 근거 지어진 초월 포기의 제스처 자체에 대한 공감을 자신의 해석과 더불어 진술한다. 그래서 지젝에게 그 포기는 세속화의 구조모형이다. 여기서 그는 헤겔과 더불어 케노세를 하나의 반-종교적 내지는 반-형이상학적 제스처로 해석한다.[92] 그렇게 지젝에게 십자가에서의 신의 죽음은 사람들이 실재성을 여기에 확고히-규정될 수 있는 존재지평으로 파악하는 경우의 그 실재성 안의 구멍 같은 어떤 무엇을 상징화한다. 신은 이 구멍을 지평 안으로 찢어 넣지 않고, 오히려 이 균열을 말하자면 자기 자신에게 가한다. 십자가에서의 죽음은 바디우의 의미에서의 사건의 반형이상학적 원형이다. 신이 죽는 곳에서 지평은 찢겨 갈라지고, 우리 인간들은 이 균열을 더 이상 메울 수 없다. 그렇다면 종교개혁, 근대, 계몽, 현대 그리고 후기현대는 이러한 균열의 여진들 내지는 역사적 유물론이 펼쳐지는 단계들일 뿐이다. 그러나 바로 그것을 통해 ─ 지젝이 말하듯이 ─ (자신의 의미-중심을 의미의 한 틈새가 되게 하는 이데올로기로서) 그리스도교는 본래 자신의 핵심에 있어 신학이나 철학에서 나타난다고 하는 모든 전형적인 존재론적 입장에 대한 항의의 한 형식이 된다. 그래서 지젝은 또한 그리스도교가 본래 유대교에 의해 극복된 우상숭배로의 복귀라고 말하는 확산된 논변을 그 "궁극적 우상숭배"가 신의 한 모상(예수-키치 Jesus-Kitsch*)에 기인하지 않

---

* [옮긴이] 독일어 키치Kitsch는 우리말뿐만 아니라 다른 언어들로 옮기기 어려운 낱말로서, 통상적으로는 예술작품에서 기대되는 독창성 같은 예술적 가치 없이 판에 박히고 진부하고 통속적이고 상투적이며 천편일률적인 사물이나

고, 오히려 "가면 너머에 숨겨진 어떤 실정적 내용이 있다"[93]는 믿음에 기인한다는 것을 지적함으로써 반격한다. 이 판단은 지젝에게는 이러한 신의 상과 밀접하게 결합된 타자성의 철학에 대한 판단이다. 그러한 한에서 "대타자"의 개념구상에 대한 지젝의 비판은 또한 이미 여러 번 언급했듯이 다음과 같은 아감벤의 바울-해석에도 해당하는 차이-철학의 거대한 "다름"Andersheit에 대한 비판이기도 하다.

"우상숭배의 궁극적 형식은 타자에 대한 해체적 정화이다. 그래서 타자로부터 남는 모든 것은 그 타자의 자리이며, 메시아적 약속으로서의 다름Otherness의 순수한 형식이다."[94]

지젝은 아감벤의 메시아주의의 배후에서, 그리고 존재론적 매개변수의 혁명적 전환에 대한 것에서부터 단독[개별]적 잠재성의

생각 등을 폄하하는 말인데, 이를테면 통속적으로 추구되며 쉽게 재생산될 수 있는 대량생산물이나 모조품 같은 것을 예로 들 수 있다. 그런데 밀란 쿤데라에 따르면 키치는 인간 존재가 지닌 똥과 같이 더럽고 추하며 혐오스러운 모든 것을 부정하는 것이며, 따라서 사람들이 생각하기에 마땅히 그래야만 하는 것으로서의 선이나 아름다움의 가면을 뒤집어쓴 존재에 대한 확고부동한 감상적 동의와 믿음에 기인하는 허영적인 생각이나 행동, 또는 그런 사물을 비하하는 말이다. 하지만 키치는 한마디로 선(좋음)과 아름다움에 대한 감상적 이상이자 우상인 것으로서 인간 존재의 조건의 한 부분이라고 쿤데라는 생각한다. 밀란 쿤데라, 『참을 수 없는 존재의 가벼움』, 이재룡 옮김, 민음사 2012. 398-417쪽 참조.

"도래하는 공동체"에 대한 것에까지 이르는 그 메시아주의의 담론 속에서 구원받은 인류, 말하자면 자신의 내적 분열과 균열로부터 벗어난 인류의 신-구 이상을 본다는 점에서 부당하지 않다. 그리고 지젝이 이 점을 자신의 책 『신체 없는 기관』 *Körperlose Organe*[국역본: 같은 제목, 김지훈·박제철·이성민 옮김, 2006, 도서출판 b]에서 들뢰즈의 철학과 관련하여 말하듯이, 이러한 이상은 세계전역적인 상품교환 속에서 잠재적-단독[개별]적 소비자집단들을 연결하고 싶어 하는 글로벌한 자본주의적 상품사회의 이상과 유비적 관계에 있다. 만일 사람들이 자본주의 자체는 끊임없는 자기혁명화라는 하나의 내포적 원리에 따라 작동한다는 점을 고려한다면, 상황들의 "메시아주의적" 전복에 대한 믿음은 또한 쓸데없어 보인다. 그것은 어떤 한 적敵이 기존의 것의 전환 자체를 원리로 선언했을 때, 그 적에 대해 혁명으로 맞서 싸우는 것과 같다. 국제적 상품교환의 자본주의적 구조들은 그 자체로 모든 혁명이 계속해서 지탱할 수 있을 것보다 더 혁명적으로 보이며 끊임없는 변화를 중시하는 것으로 보인다.

 지젝은 메시아적 약속이라는 신학적 개념구상에 케노세로부터 출발하는 보편적 진리에 대한 바울의 전투적 제스처를 대립시킨다. 그리스도는 자신의 포기가 "장엄함"doxa이 되지 않기를 겨냥하는 신이다. 그래서 피터 백Peter Paik이 올바로 말하듯이 지젝에게 중요한 것은 그가 바울에게서 (그리고 그리스도교에서 일반적으로) 실현된 것으로 보는 "근본[급진]적 정치에 대한 키르케고르식 개념화"이다.[95] 정치적인 전투적 태도에 대한 지젝의 개념구상은 덴마크 철학자가 『두려움과 떨림』*Furcht und Zittern*에서 만들어낸 것처럼 신앙의 키르케고르식 내적 드라마를 정치적 참여의 영역으로 이동시키려 한다. 그리고 이것은 그 드라마의 해결의 대가에 관한 문제가 아니라, 이 드라마를 정치적 갈등 속으로 의식적으로 가지고 들어감에 관한 문제이다. 지젝에게는 그러할 때에만, 바로 글로벌화의 시대에 지나치게 복잡한 세계연관들을 지적하는 것이나 메시아에 대한 희망을 통해서는 자신의 진리로부터 떨어지지 않는 전투적이며 정치적-혁명적인 주체가 만들어질 수 있다. 따라서 사람들은 지젝이 키르케고르와 바울을 가지고 정치적 행동에 대한 유물론적 신학을 정초하고 싶어 한다고 말할 수 있을 것이다.

    그렇지만 사람들은 지젝의 바울-독해에 대해서 그가 본래 자신의 해석과 더불어 얻은 것이 무엇인지 의문을 갖는다. 『인형과 난쟁이』라는 책은 무신론에 도달하기 위해 "그리스도교의 유산"에 대한 옹호로부터 출발한다. 그런데 이 사변적 우회로는 절약될 수 없었을까? 우선 논쟁적으로 들리는 이 물음의 답변을 위해 지젝이 그리스도교에 대해 기술하는 맥락이 언급되어야만 한다. 지젝은 그리스도교 신학이 그저 무성 생식하는 분과로 간주되는 시대에 그리스도교의 사변적-신학적 잠재력을 발견한다. 20세기를 지배한 바르트Barth, 라너Rahner, 불트만Bultmann, 윙엘Jüngel 또는 로너건Lonergan 같은 신학자들이 21세기 초에는 거의 없고, 신학적 물음들은 오히려 유산관리의 태도로 다루어지고 있다. (장-뤽 낭시, 장-뤽 마리옹Jean-Luc Marion 그리고 폴 리쾨르Paul Ricoeur 같은 철학자들은 이러한 경향에 반대하고 있다.) 그것이 반드시 20세기 후반의 유럽의 세속화와 연관되는 것은 아니다. 왜냐하면 유대-종교적 유산과 같은 것이 유비적 방식으로 말해질 수 없기 때문이다. 비록 유대교가 하나의 종교적 내지는 이론적-신학적 르네상스를 구현하지는 않는다 해도, 그 유대교는 그리스도교와 비교하면 최소한 문화과학들Kulrurwissenschaften 속에 일정 정도 수용되었다. 그에 대해서는 카프카, 첼란Celan, 벤야민, 로젠츠바이크Rosenzweig 같은 이들의 작품들이 대변한다. 그 작품들은 문화과학들 속에서뿐만 아니라 또한 직접 유대교-신학적 연관 속에서도 계속해서 해석된다. 그와 무관하게 이미 그리스도교는 대등한 평가를 받는 저자들의 부족으로 인해 유사한 수용을 보여줄 수 없다.[96] 하지만 그 외에 정치적으로 흥미로운 또 한 가지 점이 중요하다. 유대교가 드물지 않게 차이의 종교로서 받아들여지는 반면에,[97] 그리스도교는 어떤 의미에서는 이러한 차이를 억압하는 정치적 전체주의를 겨냥한 형이상학적 통일론으로 간주되었고 간주된다. 그때 바울의 보편주의는 유대교적 "차이"로부터 벗어나는 전체주의를 겨냥한 그리스도교적 세계상에 대한 본보기에 해당되었다. 이 테제는 다니엘 보야린Daniel Boyarin에 의해 그의 인상적인 책『한 근본적 유대인-바울과 정체성의 정치학』*A Radical Jew-Paul and the Politics of Identity*에서 부각된다. 그래서 지젝은 "그리스도교의 유산"에 대한 자신의 옹호 속에서 또한 차이-신비론(타자성)에 닻을 내린 유대교와 그가 케노세의 사건을 자신의 역사 유물론적 철학의 한 부분으로 삼고 있는 '전체주의적' 그리스도교라는 이 이분법에 반대하여 기술하고 있다.

그리스도교에 대한 지젝의 옹호는 그리스도교의 교의론에 대한 옹호가 아니다. 오히려 그 옹호는 문화적 차이들을 지적함으로써 자기를 보호하는 하나의 글로벌화에 대한 비판의 형태 속에서 역사 유물론을 위한 "그리스도교의 유산"에 대한 소홀한 처분에 항의하는 것이다. 그래서 그의 그리스도교 옹호는 보편적 진리의 한 새로운 개념을 가지고 정치적 행동주의의 지성적 무기들의 날을 세우고 싶어 하는 담론이며, 그 담론은 차이-철학의 '무기들'이 무뎌졌다는 것을 밝힌다. 이러한 배경은 그리스도교에 대한 지젝의 옹호를 정당화 하는데, 말하자면 바로 그리스도교가 (바울과 더불어) 보편적이고자 하며 전투적 태도와 더불어 바울의 보편주의를 하나의 강력한 주체개념에 의해 옹호하는 그 지점에서 정당화한다. 지젝은 그리스도교에 닻을 내린 "전투적 사랑"의 이 제스처를 현대적 역사 유물론의 도구로 변화시키고자 한다. 그와 더불어 동시에 그가 역사 유물론을 거의 신학화한다는 점은 이 논고의 마지막 지면들에서 명확해져 있을 것이다.

그러나 그리스도교에 대한 지젝의 옹호는 약과 독을 동시에 의미할 수 있는 파르마콘*pharmakon*이라는 그리스어 낱말의 의미에서의 치료제이다. 그러한 한에서 사람들은 지젝을 그리스도교의 옹호자로 바라보는 그리스도교적 시각을 주의해야만 한다. 왜냐하면 지젝에게 그리스도교는 종교 자체를 불필요하게 만드는 종교이기 때문이다. 신은 십자가에서 죽어 더 이상 "대타자"는 없다는 것을 증명한다. 그에 따라 지젝에게는 또한 부활도 일어나지 않는다. 적어도 지젝은 내가 아는 한 그 부활을 어떠한 곳에서도 언급하지 않는다. 그 부활은 고작해야 하나의 은유적 의미로 나타나는데, 말하자면 그리스도교적 공동체에 위임된 차안으로의 방향전환으로서 나타난다. 지젝은 방금 죽은 신이 다시 전능하게 "대타자"의 지위를 차지하는 것을 두려워하기 때문에 그 부활에 대해 관심을 기울이지 않는 것인가? 만약 신의 전능의 지위로부터가 아니라면 그 밖에 어떻게 그 부활이 해석되겠는가? 그리고 이러한 전능한 신 없이는 어떻게 그리스도교가 하나의 종교이겠는가? 결국 이러한 물음으로부터는 더 이상 논의가 계속될 수 없다. 왜냐하면 여기서 종교로서의 그리스도교와 세계에 대한 역사유물론적 태도의 은유로서의 그리스도교 사이에 길들이 갈라지기 때문이다. 지젝은 그리스도교 안에서 희망찬 내재라는 하나의 반-형이상학적 모델을 인식한다. 그러나 신실한 그리스도교인은 신앙실천 속에서 항상 초월에 대한 자신의 희망을 표현할 것이고 내재 —— 그것이 아주 복잡하든 자기 안에 갈기갈기 찢겨 있든 간에 —— 를 넘어서는 어떤 의미에 대해 희망할 것이다.

IV. 에릭 샌트너

Eric Santner

유대교적 메시아주의와 정신분석적 담론

 우리가 보았듯이 지젝에게 바울의 진리사건은 상징적 질서와의 단절을 대변하고, 그리스도의 십자가죽음은 "대타자"로서 신의 은퇴를 대변한다. 미국의 문예학자Literaturwissenschftler 에릭 샌트너는 지젝의 비판적 대화상대이다. 그는 지젝의 바울-독해를 생산적으로 계속 진척시키며 바디우와 아감벤과도 비판적 대화를 나누고 있다. 그는 프란츠 로젠츠바이크Franz Rosenzweig의 저작들에 대한 자신의 독해에서 지젝이 그다지 관심을 갖지 않는 것으로 보이는 유대 종교의 두 가지 차원들, 즉 신앙의 차원과 실천의 차원을 구별한다.
 지젝은 전투적 태도의 역량을 갖춰주는 하나의 새로운 진리요구라는 개념구상을 위해 그리스도교를 이용한다. 그에게 그리스도교는 신이 자기를 '포기하고' 있고 인간만이 오로지 세계의 변화를 위해 부름 받았다는 종교이다. 그래서 계속해서 신에 대한 '순진한' 신앙을 고수하는 자는 지젝의 견해에 따르면 본래 그리스도교인이라기보다는 오히려 유대 종교의 신봉자이다. 샌트너는 로젠츠바이크의 신학 속에서 유대교적-그리스도교적 유산 가운데서 단지 역사적-유물론적 사변만을 위한 재료보다 더 많이 발견되는 신앙실천을 위한 변론을 인식한다. 비록 샌트너 자신이 신앙에 대해 어떠한 직접적 변론을 내놓지 않는다 해도, 그의 상론들 속에는 유대교적-그리스도교적 실재론Realismus에 대한 커다란 공감이 나타난다. 유대교적-그리스도교적 유산에 대한 그의 상론들은 그리스도교를 위한 지젝의 무신론적 변론에 대한 반대 극을 형성한다. 이것이 왜 우리가 이 마지막 장에서 그의 바울에 대한 논의를 다루고자 하는지에 대한 하나의 이유이다. 다른 한 이유는 샌트너가 바디우와 아감벤에 대한 논의 속에서 전개하는 그의 이론의 철학적-정치적 함축들에 해당한다.

프란츠 로젠츠바이크의 유대교 신학뿐만 아니라 사도 바울과 관련하여 샌트너는 아감벤에 의해 친숙한 "추방[배제]"의 개념을 전개한다. 샌트너는 그 개념을 정신분석의 정리들을 재수용하는 가운데 사용한다. 그에 대한 단초는 우리의 논의 맥락 속에서 밝혀질 수 있는데, 왜냐하면 그는 지금까지 계속해서 중심적 자리들에 등장하는 "추방[배제]"과 "법률[율법]"과 같은 몇몇의 개념들을 오로지 인간에 대해 순수하게 외적인 차원들, 즉 외부로부터 인간에게 영향을 미치는 차원들로서만 이해하지 않기 때문이다. 샌트너에게 그 개념들은 심리적 기관의 토대가 되어 있는 계기들이 된다. 다른 말로 하면 그 개념들은 인간의 심리 속에서 욕망을 산출하는 무의식적 구조들이라 일컬어진다.

샌트너는 특히 자신의 텍스트 「기적은 일어난다: 벤야민, 로젠츠바이크, 프로이트 그리고 이웃의 문제」Miracles Happen: Benjamin, Rosenzweig, Freud and the Matter of the Neighbor에서 바울에 대한 논의를 수행한다.[98] 거기서 그는 바디우와 직접적으로 관련하여 바울의 "내면적 회심"[99]이라는 개념 속에는 우리 자신을 소외시키며 우리의 욕망을 극복하는 힘, 즉 "충동을 그 운명으로부터 분리시키는"[100] 힘이 숨겨져 있음을 강조한다.

샌트너의 이 단서는 사도[바울] 자신이 이미 바디우가 그의 바울-책에서 언급한 무의식적인 것의 힘에 대한 앎을 시사하기 때문에 타당하다. 로마서 7장 7절에서 바울은 율법과 죄와 욕망에 대한 중심적 명제를 기술하고 있다.

"나는 죄를 율법을 통해서만 알았습니다. 율법이 너는 욕망해서는 안 된다고 말하지 않았다면, 나는 욕망에 대해 아무것도 알지 못했을 것입니다."

조금 뒤 18절에서는 다음과 같이 말하고 있다.

"[선한] 의욕은 나에게 있지만, 나는 선을 실현할 수 없습니다. 왜냐하면 나는 내가 원하는 선을 행하지 않고, 오히려 내가 원치 않는 악을 행하기 때문입니다."

이로써 바울은 모든 인간이 하는 경험을, 즉 우리가 내적으로 뿐만 아니라 외적으로도 압박하는 힘들과 두려움들과 욕망들에 대해 양도되어 있음[내맡겨져 있음]을 기술하고 있다. 언급했듯이 바디우는 이것을 라캉에 대한 한 개략적 언급에서 표명하였으며, 아감벤은 그것을 "추방[배제]"의 정치적 권력구조들에 대해 양도되어-있음으로 해석한다. 그런데 샌트너는 그것에 대해 부분적으로는 신학적 이론을, 부분적으로는 정신분석적 이론을 제시한다.

샌트너의 책 제목 『일상생활의 심리신학』*The Psychotheology of Everyday Life*[101]은 프로이트가 꿈들과 실수들 같은 현상들에 대해 다루고 있는 그의 텍스트 『일상생활의 정신 병리학을 위하여』*Zur Psychopathologie des Alltagslebens*[국역본: 이한우 옮김, 『일상생활의 정신 병리학』, 열린책들, 2004]를 시사한다. 이 실수들은 우리가 우리의 의식에 의해 지배할 수 있는 것보다 언제나 하나의 "더 많음"Mehr을 의미 뒤에 감추고 있는 어떤 무의식적인 것을 암시하는 정서들의 '계시들'처럼 작용한다. 프로이트적 실언은 그것에 대한 하나의 간단한 예이다. 그 실언은 샌트너가 자신의 문화이론이라는 더 큰 맥락 속에서의 "과잉"Exzess[과도함], 다른 말로 하면 의미잉여Bedeutungsüberschuss라 일컫는 것을 지시한다. 이 의미잉여는 프로이트적 실언의 예가 설명하는 것처럼 개체가 '과도'-한 알림들에 대해 어느 정도로 무력한지를 보여준다. 내가 말하는 바는 내 말의 의도에 거슬러 작동하여 내 자신을 놀라게 한다. 실수로든 그 어떤 식으로든 '너무 많은 의미'가 나의 입술을 넘어오는 것을 나는 통제할 수 없다.

그런데 샌트너에게는 또한 사회적 상징화과정들도 프로이트적 실언이 설명하는 것과 마찬가지로 거의 통제될 수 없는 그러한 과잉들(이른바 의미잉여)을 발생시킨다. 그래서 하나의 대상, 예를 들어 하나의 상품이나 하나의 생산물은 주체로부터 나오는 욕망들의 투영면들이 될 수 있다. 그러나 그 주체는 또한 무수한 사회적이고 제도적인 규범들을 통해 상징적으로 짐을 지고 있을 수도 있는데, 왜냐하면 그 규범들이 대상을 풍부하게 하며 우리 삶 속에서의 주체의 부분적 의미를 그 대상에 부여하기 때문이다. 그러한 한에서 샌트너는 무의식적인 것으로부터 나타나는 과잉(프로이트적 실언의 예)의 영역을 주체의 외부에 놓여 있는 과잉(샌트너는 "너무-많음"이라 말한다)을 통해 확장한다. 즉 말했듯이 그러한 과잉은 사회적 제도들 속에 놓여 있지만 또한 나에게 "타자성의 문제를, 즉 무엇이 다른 인간존재나 문화를 낯설게 하는지의 **물음을 강조하고 유의할 것**"(샌트너, 『심리신학』*Psychotheology*, 8쪽, 각주 8)을 상기시키는 이웃으로서의 타자 속에도 놓여 있다. 만약 그 과잉이 바로 기록보관소에서와 같은 보충적 내용이 아니라 항상 거듭해서 새롭게 발생한 잉여/잉여가치[부가가치]라는 점이 고려된다면, 사태는 더 복잡해진다. 그 사태는 하나의 교환가치처럼 협상될 수 없다. 그 사태에는 결여된 원인, 즉 결여된 정당성이 입력되어 있으며, 그 결여된 정당성은 바로 그 정당성이 없다는 것 때문에 인간을 불안하게 한다.[102] 이러한 맥락 속의 중심적인 과잉의 개념은 자크 라캉으로부터 유래한다. 그의 용어는, 그것이 "너무-많음"의 계기들로서의 "욕망"désire, "향유"jouissance, "틈새"gap "실재"the real에 관한 재현될 수 없는 이야기를 하는 경우, 지젝에게서뿐만 아니라 샌트너에게서도 등장한다. 과잉은 정상적인 것의 영역을 붕괴시킨다.

우선 의미잉여에 관한 샌트너의 이야기는 낯섦, 바로 타자의 섬뜩함, 그 타자의 타자성에 해당하며, 그때 그 타자성은 어느 정도 계시에 대한 바울의 이해와 관계하는 타자성일 것이다. 샌트너에게 타자성은 주체에 대한 거의 "신적인" 물음을 대변한다. 그 때문에 그는 이 지점에다 로젠츠바이크의 신학뿐만 아니라 또한 ── 그가 자신의 텍스트 『기적은 일어 난다』에서 시사하듯이 ── 바울의 신학도 위치시킨다. 프로이트에게 종교란 외부 세계로의 심리적 에너지들의 투사로서 하나의 인간적 고안인 반면에, 로젠츠바이크와 바울에게 신에 대한 믿음[신앙]은 정확히 그 반대, 즉 하나의 실증주의적 세계상 안으로 근본적 타자성의 침입 가능성을 대변한다. 그래서 샌트너는 또한 바디우의 해석에 대한 자신의 독해에서도 특히 어느 정도로 그 프랑스 철학자가 바울에게서의 그리스도-사건을 헬레니즘Griechentum에 의해서도 유대교에 의해서도 만들어낼 수 없는 과잉의 한 형식으로 기술하는지에 대해 관심을 가진다. 사람들은 지젝과 라캉과 더불어 "실재"의 한 계기, 즉 우리를 둘러싼 의미-지평을 거듭해서 깨부술 수 있는 하나의 재현될 수-없는 낯섦이 있다고 말할 수 있을 것이다.

상징적 질서의 침입으로서의 계시

샌트너의 연구는 그 구조상 어구교차배열법Chiasmus의 수사학적 형태를 따른다. 즉 그 연구는 프로이트의 정신분석에서는 '정신[영]적 차원'(샌트너, 『심리신학』, 8쪽)을 보여주고 로젠츠바이크의 신학에서는 "충동들의 정신분석적 이론에 대한 기여들"(같은 책, 23쪽)을 보여준다. 거기서 샌트너는 두 기획들, 즉 유대교의 —— 그리고 더불어 또한 바울의 —— 신학과 정신분석이 어떤 무엇을 어느 정도로 공유하는지, 말하자면 결코 스스로를 완전히 열어 보이지 않는 이웃의 타자성에 대해 대답할 수 있는 인간의 역량을 겨냥하는 윤리학을 어느 정도로 공유하는지를 명확히 드러낸다. (샌트너가 "이웃"the Neighbor이라 말하는) 이 이웃Nächste은 단지 나에게만 낯설게 남아 있는 것이 아니라 또한 자기 자신에게도, 이를테면 자기 자신의 무의식적인 것에 대한 인식에 있어서도 항상 파악될 수 없이 남아 있다. 그래서 로젠츠바이크와 프로이트는 서로 독립적으로, 그렇지만 서로 잠재의식적 연관을 가지고서 윤리학을 전개하는데, 그 윤리학은 타자의 낯섦 속에 있는 "섬뜩함" 내지는 무의식적인 것에 대해 열려 있음[개방성]을 지향하는 것이자 그리스도를 통한 계시 속에서의 삶에 대한 바울의 이해와 어느 정도 관계하는 윤리학이다. 이 타자는 "내면적 타자성의 [담지자], 곧 어떤 규칙-지배적 상호성 너머의 응답을 요구하는 욕망의 수수께끼 같은 밀도의"(샌트너, 『심리신학』, 9쪽) 담지자이다. 그때 샌트너는 해롤드 블룸Harold Bloom, 아감벤 그리고 장 라플랑슈Jean Laplanche를 교차 참조하면서 자기 자신에 대한 타자의 타자성뿐만 아니라 또한 개체의 타자성을 "한 인간 존재가 제도들에 대한 자신의 실존적 의존상태를 대사시킴metabolizing으로써 '주체'가 되게 하는 [어떤] 심리적 활동의"(같은 책, 26쪽) 장소로 규정하는 무의식적인 것에 대해 기술한다. 바로 이러한 시각, 즉 "제도들에 대한 실존적 의존상태"에 대한 지시는 그의 발견들을 정치적인 것의 신학적 차원에 접근시킨다. 말하자면 정치적-사회적 제도들은 샌트너에게 본질적으로 상징적 동일[정체]성의 전개와 형식화에 기여하는 '힘들'로 인식된다. 그 핵심에 있어 수수께끼 같은, 그야말로 카프카식 묘사방식에 머무르는 이 정치적-사회적 제도들의 상징화과정들은 우리의 일상을 그 가장 진부한 차원들에까지 각인시키고 우리의 삶이 그 "정당성"을 경험하도록 이끈다. 그러나 그때 이 상징화과정들은 지속적으로 정당화과정들의 일부인 의미잉여들("잔여들")을 생산한다. 이 잉여들은 바로 그것들이 정당화과정들 속에서 나머지 없이 나눠지지 않기 때문에 불안하게 하는 작용을 한다. 그래서 로젠츠바이크의 유대교 신학과 프로이트의 정신분석은 바로 이러한 섬뜩한 "어떤 의미의 과잉 속에서의 타당성에 대한 싸움들"(같은 책, 97쪽)에 전념한다. 왜냐하면 그 싸움들은 ─ 정치적으로 조직된 세계의 상징적 연관[정합]성Kohärenz을 넘어서 ─ 우리에 대해 도전하기 때문이다. 제도들의 상징화과정들 속에서 나머지 없이 나눠지지 않고, 말하자면 상징적으로 사용되지 않고 '떨어져 나오는' 이 여분[잔여]들은 하나의 "신적인" 부름처럼 우리에게로 향한다.

그래서 샌트너가 '삶의 한가운데에 있는' 삶에 관한 로젠츠바이크의 이야기 속에서 이해하는 바는 우리가 우리를 둘러싸고 있는 (카프카식의 부조리하고 위협적인) 제도들이 남겨 놓는 이 요구들에 대해 열려 있음을 의미한다. 그렇지만 역설적이게도 우리는 우리로 하여금 "삶의 한가운데에서 그리고 우리와 함께 거기에 거주하는 이웃/낯선 이"(같은 책, 23쪽)에 대해 우리 자신을 열어 놓지 못하게 하는 증상들과 환상들을 가지고서 '살아 있음'의 이 형식에 대해 우리 자신을 방어한다. 우리는 의미잉여들을 발생시키는 세계를 항상 거듭해서 새로운 것과 서로 연관시키기 위해 우리가 이해하지 못하는 것에 대한 응답으로서 환상들을 생산한다. 샌트너는 이러한 상태를 "죽지 않음", 즉 "삶 안의 삶을 향해 죽어감"이라는 형식으로 묘사한다. 이로써 그는 생물학적 죽음이 아니라 오히려 살아 있음과 다름에 대한 자기-거부, 결국 "허무주의의 한 형식"[103]을 말하고 있다. 인간은 타자의 수수께끼 같은 알림들에 대해, 말하자면 의미의 섬뜩한 과잉에 대해, 즉 타자의 욕망을 표시하고 "외관상 끝없는 정당화의 드라마"(같은 책, 36쪽)를 열어 보여주는 "너무-많음"에 대해 환영적 방어 전략들을 펼쳐 보인다. 이미 지젝은 자신의 책 『이데올로기의 숭고한 대상』 The Sublime Object of Idology[국역본: 같은 제목, 이수련 옮김, 새물결, 2013]에서 타자가 주체를 불러내어 그 주체에게 상징적 층위에 그 주체의 자리를 승인하는 경우, 그 주체가 이 자리를 또한 실제로 차지하기에는 언제나 불확실한 그런 지점에서 벌어지는 이 드라마를 묘사하고 있다.[104] 인간은 그것이 실제로 자신에 대해 타자가 원하는 것인지 확신하지 못한다. 그는 그가 자신에게 믿고 맡겨진 상징적 위임을 실제로, 말하자면 마땅하게 받을 만한지를 알지 못한다. 그래서 하나의 예를 들면 한 회사의 방금 승진된 한 직원은 그가 실제로 이 승진을 받을 만한지 항상 의문을 가질 수 있다. 더 많은 자격을 갖추고 그의 일을 대신할 수 있을 훨씬 더 나은 동료들은 과연 없는가? 그는 그 자리를 결국 인사부장과의 관계 덕택으로 얻은 것은 아닌가? 이 예는 의식적으로 단순하게 선택되었지만, 어떤 식으로 모든 부름받음과 그 부름받음에 근거로 놓여 있는 질서 사이에는 항상 하나의 틈이 있는지를 명확히 보여준다. 지젝은 다음과 같이 말한다.

"주체는 왜 자신이 상징적 네트워크 안의 이 자리를 차지하고 있는지 알지 못한다. 케 보이[당신은 무엇을 원하는가. 옮긴이]*Che vuoi*?라는 타자의 이 물음에 대한 주체의 대답은 단지 다음과 같은 히스테리성 물음일 수밖에 없다. '왜 나는 (교사, 주인, 왕……)[……] 인가?' 요컨대 '왜 나는 당신(대타자)이 나라고 말하고 있는 그것인가?'" (지젝, 『이데올로기의 숭고한 대상』, 113쪽[국역본 188쪽 참조])

인간은 자신의 아동기 때부터 자신을 정당화하도록 강제된다. 그러나 이는 성공하지 못하는데, 왜냐하면 이미 부모는 내적 타자성을 통해 압박받아 스스로 정당성에 대한 결여를 구현하기 때문이다. 인간이 존재발생적으로 아동으로서 경험하는 것은 사회에서의 경험을 선취한다. 성인은 성인세계 속에서 마찬가지로 정당성, 즉 자신의 '위임'[맡겨진 일]에 대한 해명을 찾고 있다. 그때 주위세계는 그로 하여금 항상 질문들, 의문들, 호소들 그리고 그가 드물지 않게 자신의 환상 내지는 방어기제를 가지고 반응하는 종교의 율법들 내지는 국가 법률들의 형태 속에서 하나의 의미잉여와 마주치도록 만든다. 그래서 이를테면 다른 사람에게 자신이 실제로 크라카우Krakau로 가고 있는데도, 또한 자신이 크라카우로 갈 것이라고 보장하는 남자에 대한 프로이트의 '재담'Witz과 같은 모든 상징적 진술에서 사람들은 항상 다음과 같은 물음과 만날 수 있다. 이 진술은 무엇을 의미하겠는가? 왜 이런 동어반복인가? 그렇지만 그것은 전혀 재담이 아니다. 사람들은 항상 명백한 의미 뒤에서 두 번째, 세 번째 또는 네 번째 의미를 발견할 수 있다. 이에 대해 렉스 버틀러Rex Butler는 다음과 같이 매우 적절하게 기술하고 있다. "따라서 모든 부름에는 일정한 '틈', 즉 어떤 특정한 '잔여'가 있다 —— 그렇지만 사람들은 이 틈으로부터 간단히 벗어날 수 없다. 왜냐하면 그 틈이 비로소 그 부름을 가능케 하며, 그 틈은 그 부름이 발어되는 장소이기 때문이다."[105] 의미의 과잉은 각각의 일컬음을 넘어가는 어떤 경험적 잉여가 아니다. 오히려 그 의미의 과잉은 일종의 부재 또는 공백이다. 버틀러는 다음과 같이 말한다. "[타자의] 알림이 애초부터 표현될 수 있는 것이 아니라, 단지 그 알림이 상징적 질서를 근거 짓는 저 차이성과 동일시된 후에만 표현될 수 있는 것이라는 하나의 기억."[106]

카프카, 바울 그리고 법률의 과잉

샌트너는 인격적 동일[정체]성의 구조를 슬라보예 지젝과 유사하게 환영적인 것phantasmatisch으로, 말하자면 일종의 가장 동떨어진 상상들의 직조물/직물로 이해한다. 환영Phantasmagorie에 대한 지시는 환상Phantasie과의 비교를 통해 설명된다. 후자가 인식적-고안자적 의미를 함축하고 있는 반면에, 환영은 상징적-상상적인 것으로 규정된다. 여기서 자아는 마치 [호두]껍데기 같은 것으로 포개놓은 동일시들처럼, 즉 주체에게 사회적이고 제도화된 "표준적임"Normalität으로서의 자신의 고유한 동일[정체]성을 보장하는 "외투와 같은 방식으로"[107](라캉) 만들어진다. 환영의 이러한 역량은 개체와 그 개체의 실재에 대한 이해에 확고한 윤곽을 그려준다. 그때 그 개체는 자신을 둘러싼 사회적 제도들이 만들어내는 상징적 형식들을 통해 자신에 근접한다. 동시에 이 제도들은 끔찍한 근거 없음을 통해 특징지어진다. 이 근거 없음은 다양한 방어 전략들, 예컨대 권위를 통해 위장된다. 그런데 그 상징적 권위에 관한 우리의 이야기는 "법률" 자체에도 해당하지만 그와 더불어 또한 종교에도 해당한다. 상징적 권위가 위기에 처하지 않으려면, 종교적이든 정치적이든 제도들의 정당성을 고집하여 그 제도들의 필연성을 대신하도록 해야 한다. 사람들은 그것을 아감벤이 자신의 정치 철학에서 전개하는 "추방[배제]"이라고 부를 수 있을 것이다.

프로이트와 카프카에 기대어 이제 샌트너는 현대를 교회, 국가, 가족 등등과 같은 모든 법률-체제들을 산출하는 "이 제도들의 근거 없음"을 인식할 수 있게 된 시대로 해석한다. 현대는 지속적인 정당성결여라는 하나의 만성적 경보발령상태에서 나타난다. 이는 "법률" 또는 아감벤의 말로는 "법률에 의한 추방[배제]"이 그 정당성의 근거 없음이 드러나게 됨으로써 중지된다는 것을 말하지는 않는다. 반대로 바로 그 추방[배제]과 상징적 권위에 대해 양도되어[내맡겨져] 있음이 훨씬 더 강화된다. 이 "정당화의 드라마"는 그 어떤 곳에서도 카프카에게서처럼 적절하게 묘사되어 있지 않다. 카프카는 숄렘의 말에 따르면 "의미 없는 타당성"을 통해 특징지어진 세계를 묘사한다. 샌트너는 이 표현을 넘겨받는데, 그때 "의미 없는 타당성"(샌트너, 『심리신학』, 39쪽)에 관한 그의 이야기는 바로 타당성을 주장함에 있어서 의미의 상실을 묘사한다. 의미를 갖지 않으면서 타당한 법률구조들, 그리고 종교 율법들과 국가 법률들 사이의 구별을 그 법률들의 전권을 가지고 없애버리는 것으로 보이는 그런 법률구조들 속에서의 이 삶은 카프카의 인물들을 영원한 긴장과 영원한 추방[배제] 속에 유지시킨다. 그리고 이 법률들은 결국 샌트너에게는 어느 정도 옛 율법에 관한 바울의 이야기와 관계하는 법률들이다. 샌트너는 다음과 같이 말한다. "문제가 되는 것은 표현함의 한 형식인데 [……], 그것은 어떤 진술 내용이 부재함에도 불구하고 한 꺼풀 벗겨내면 [……] 얻어지는 것이다."(같은 책, 39쪽).

그렇게 샌트너에게 "추방[배제]"은 인간의 심리[영혼]Psyche 자체에 닻을 내리고 있는 하나의 근본구조 내지는 인간의 조건 *conditio humana*(같은 책, 39쪽)이 된다. 그 추방[배제]은 아감벤에게서처럼 주권자의 정치적 권력에 결부되어 있는 것이 아니라, 이미 오래전에 심리기관의 일부인 것이다. "마음은 어떤 충분히-성숙한 생각이나 정서 없이는 심각하게 문제되는 어떤 것의 '추방'ban 가운데에서 [……] 떠나지 못한다."(같은 곳) 그런데 카프카의 인물들의 딜레마는 또한 인간으로 하여금 의미의 요구들에 대해 자신을 지키도록 해주면서 동시에 자신을 새로 드러나게 해주는 환상의 의미를 지시한다. 사람들은 카프카의 소설 『소송』*Der Prozess*에서의 K를 떠올릴 것이다. 말하자면 그에 대한 고소의 근거 없음은 환상들을 불러일으키는데, 그 환상들에 의해 K는 소송에서 자신이 그 소송의 부당성, 즉 그가 무고하게-고소당해-있다는 스캔들을 폭로하고 싶었던 그 소송에 '정당성을 인정'하려 한다. 그런데 바로 그것을 통해 그는 소송의 절차*procedere*를 그냥 그렇게 계속해서 진행시키기만 한다. 그의 당연한 무능함과 호소에 주의를 기울이지 않는 법률의 기소는 그를 무고하게 유죄로 만든다. 이러한 무고하게-유죄-임은 죽음을-가져오는 옛 율법에 관한 바울의 이야기와 유비관계 속에 놓일 수 있다. 그 옛 율법은 지성에 의식되는 것보다 더 많이 동일[정체]성의 무의식적 층위에 작용하는 어떤 한 종속성 속으로 개별자를 데리고 간다. 그래서 K가 움켜잡고 놓지 않는 (옛) 법률의 절차의 경과 속에서 K는 스스로 자신의 최대의 고소인이 된다. "환상은 잉여를 하나의 도식 속에, 즉 우리의 우주의 모양을 채색하는/왜곡하는 분명한 '비틀림' 또는 회전 속에 편성하거나 '결합'시킨다."(같은 책, 39쪽)

 환상은 우리로 하여금 코스모스적 질서를 뒤죽박죽으로 만들도록 하는 그런 크기가 아니다. 오히려 그 환상은 "그러한 질서의 모든 관념을 지탱하게 하는 강력하며 독특한 과잉"(같은 책, 40쪽)이다. 계속해서 위에 언급한 카프카의 작품에서의 유대교적 유산에 대한 벤야민과 숄렘의 논쟁 역시 법률에 대한 유사한 관점 주위를 돌고 있다. 말했듯이 카프카의 코스모스는 "의미 없는 타당성"(같은 책, 38쪽)을 통해 특징지어진다. 이 세계 속에는 언제나 다음과 같은 하나의 부름이 있다. 즉 K는 소설 『성』 *Das Schloss*에서 소환되며, 『소송』 *Prozess*에서 주인공은 한 법률기계를 통해 고소당한다. 그러나 이러한 '소환들'에 대해 어떠한 설명도 없다. 그 부름은 의미를 인식시켜 주는 것이 아니라, 오히려 언제나 해결 없는(첫 번째 부분이 없는) 하나의 중간 부분일 뿐이다. 그 부름은 이미 오래전에 발생하였다. 요구들은 있지만, 이 요구들의 궁극적 의미들은 없다. 정확히 그러한 점에서 이제 샌트너는 (그러한 점에 대해서는 거의 관여하지 않는 바디우와 유사하게) 우리를 영속적으로 종속시키고 우리를 훼손시키는 거의 섬뜩한 하나의 크기로서의 "율법"에 대한 바울적 비판의 관점을 본다. 샌트너에게 율법에 대한 바울의 비판은 죽음과 죄와 함께 결합되어 있는 메커니즘, 즉 종속성들을 우리의 무의식적인 것에까지 생산해 넣는 메커니즘을 지적한다. 그래서 율법에 대한 바울의 이야기(로마서 7장 7-9절)는 샌트너의 해석 속에서는 법률구조들에 대한 비판과 주입된 인간의 욕망구조들 일체에 관한 그 법률구조들의 영향들에 대한 비판으로서 사용된다. 그래서 또한 샌트너는 추방[배제]에 대한 아감벤의 개념구상에 더 이상 관여하지 않는데, 왜냐하면 샌트너에게는 본래의 위험이 경찰, 국가통제 그리고 법률들 같은 형태 속에서의 권력의 전형적 재현[모습]에서 벗어나는 것의 영역에 놓여 있을 것이기 때문이다. 그에게 추방[배제]은 주권자의 권력과 그다지 관계없고, 오히려 무의식적인 것의 영역과 관계한다. 그래서 만약 바울이 '옛 율법'을 파기할 것을 호소한다면, 샌트너는 그 속에서 인간을 소외시키는 무의식적인 상징화구조들에 거역하라는 호소를 본다. 거기서 옛 율법은 또한 바디우의 의미에서의 사건으로부터 떨어져 분리된 존재−질서와도 아무런 관계가 없다. 오히려 옛 율법은 우리가 그 율법 자체를 규정하는 것으로서 경험하는 것이 아니라, 우리를 규정하는 하나의 계기이다. 우리는 옛 율법에서 바로 '비상한 편안함'을 느끼는데, 왜냐하면 부자유는 율법[법률] 자체를 촉진하는 거의 동물적인 충동성에 뿌리를 두고 있기 때문이다.

그런데 바울이 율법을 죽음과 죄와 결합시키는 경우, 그때 바울이 "구약"의 기준점으로서의 토라에 관계하고 있는 것인지, 아니면 그가 율법에 관해 완전히 일반적으로 말하고 있는 것인지, 따라서 또한 하나의 정치적−철학적 의미에서도 말하고 있는 것인지의 문제는 바디우와 아감벤에게뿐만 아니라 샌트너에게도 부차적이다. 바울이 토라에 관계한다고 해도, 그것은 의당 그의 진술들이 또한 일반적으로 율법[법률]적인 것들에 관계하지 않는다는 것을 말하지는 않는다. 칼 슈미트는 실증주의적 법학이 여전히 신학적 개념들에 기인한다는 점을 지적한다.[108]

그런데 샌트너는 프로이트의 저작에서뿐만 아니라 로젠츠바이크와 바울의 신학에서도 우리에게 과잉으로서 혼란시키는 의미잉여들과 관련한 우리의 방어전략들에 대해 서로 유사한 개입의 노력들이 있음을 진단한다. 거기에는 "무의식의 층위에서 — 그리고 종종 아주 확고하게 — 주체의 세계를 함께 지탱하는"(같은 책, 40쪽) 인간의 환상이 있다. 그 환상은 우리로 하여금 점심휴식 때에 시간을 없애버리게끔 하는 우리의 백일몽의 매체가 아니다. 오히려 그 환상은 우리가 그 점심휴식시간을 실재로서 간주하기 위한 근본조건이다. 우리의 실재에 대한 근본조건들은 우리를 둘러싸고 있는 제도들에 의해 의미 있게 공급되는, 더욱이 우리가 만들어낼 수 있는 것보다 항상 더 많은 의미를 지니고 공급되는 환영적인 전략들이다. 그래서 해롤드 블룸과 함께 샌트너는 또한 유대 종교가 상징적 질서에 의한 추방[배제]에 대한 "실제로 특수하고 근본적인 개입일 수도 있다"는 테제도 피력한다. "만약 정말로 유대교의 신이 일종의 주인이라면, 그 신은 역설적으로 주권자 관계를 그만두는 자이다."(같은 책, 27쪽)

그래서 로젠츠바이크의 유대교 신학에 대한 조명 속에서 유대교는 바로 프로이트가 상정한 것과 같은 초-자아의 본래적 종교가 아니다. 오히려 샌트너는 유대교 속에서 환상-욕망과 (타자의-)욕망을 생산하는 초자아, 즉 상징적 질서와 함께 엮여 있는 초자아에 의한 "추방[배제]"으로부터 벗어날 수 있게 하는 치료의 한 형식을 본다. 유대교적-그리스도교적 유일신론에 닻을 내린 신앙은 "초자아의 환영적 강박에 대해, 그리고 주체를 세계 내에서의 그 또는 그녀의 책임으로부터 거리 두게 하는 그 초자아의 경향에 대해 저항"(같은 책, 104쪽)한다. 그러나 나를 압박하고 나를 조이며 뒤쫓는 법률의 중단은 "플러그 제거"unplugging의 한 형태로서, 또는 "주권자 관계의 핵심에 있는 환영적 노동"에 대한 "안식일 같은 중지"로서 간주될 수 있다.

  우리가 지금까지 말한 것을 다시 한 번 요약하면 다음과 같다. 사회적 제도들과 의미론적 잉여를 생산하는 상징화 메커니즘들에 의한 추방[배제]이라는 마비시키는 권력[폭력]에 대한 샌트너의 통찰은 궁극적으로 계시를 로젠츠바이크와 바울에 따라 완전히 새롭게 이해하도록 도와 줄 것이다. 정확히 말해서 샌트너의 그 통찰은 계시를 환영들의 열광적 생산 속으로의 도피를 중단시키는 것으로 이해하도록 하며, 그 계시가 타자에게로 그리고 일상적 삶의 욕구들과 요구들에로 향하는 것임을 이해하도록 도울 것이다. 사람들은 추방[배제]에 의해 일종의 내적인 공황을 동시에 작동시키는 마비와 경직 속으로 강제되어서는 안 된다. 그러나 동시에 추방[배제], 즉 옛 율법이 해소되거나 폐지될 수 없다는 점은 언제든지 고려되어야만 한다. 그 점은 하나의 망상일 것이다. 우리가 위에서 보았고 비판했듯이 어떤 의미에서 아감벤은 이러한 망상에 걸려 있다. 바울에게 계시는 정치적 관계의 혁명적 전환을 말하지 않고, 오히려 인간적 실존의 가장 자명한 동인의 근거를 묻기 위한 개개의 역량을 말한다.

  바울의 율법비판에 관한 샌트너의 해석을 넘어 이제 또한 바울은 자신의 삶의 한 특정한 지점에서(다마스쿠스로 가는 길 위에서) 하나의 "너무 많음", 즉 의미의 과잉을 더 이상 만들어낼 수 없었다는 테제도 제시될 수 있다. (그 테제와 더불어 바울은 샌트너에 의해 해석된 다니엘 파울 슈레버Daniel Paul Schreber라는 인물과 닮아 있다.)[109] 그렇다면 바울이 경험하고 그가 그리스도와의 만남으로 묘사하는 의미의 과잉은 1세기에 "상징적 형식들"과 "상징적 위임들"의 생성을 담당했던 기존 제도들과 헬레니즘 그리고 유대교에 있어서의 상징적 정당성의 위기를 대변한다. 바울은 자신의 메시아-사건을 그리스 철학과도 조화시킬 수 없고 유대교적 전통과도 일치시킬 수 없다. 이러한 의미에서 다마스쿠스로 가는 길 위에서의 계시는 바울이 스스로 행한 치료, 즉 그리스도교를 새로운 형이상학적 구원[치유]론Heilslehre으로서 확립하는 치료와 더불어 바울 자신을 회복하게 해주는 일종의 "실재"(라캉)와의 만남일 것이다. 그리하여 주체는 미치지 않기 위해 "실재"와의 만남을 견뎌내려고 한다. 그런데 사울Saulus[바울의 옛 이름]이 타르소스Tarsus의 훌륭한 유대계 시민이었던 반면에, 아마도 바울의 천재성과 그의 선교열정은 바로 이 홀려-있음[미쳐-있음]Ent-Rücktheit에 대한 하나의 징표일 것이다. 바울에게 양 제도들(유대교와 헬레니즘)은 그 제도들의 상징적 위임을 실행함에 있어 근거 없고 정당성 없는 것으로 나타난다. 바울은 "구약"의 정당성 없음에 대한 인식 이후 정신장애에 빠지는 대신에 이른바 새로운 상징적 세계, 즉 그 중심에 유대의 메시아 예수 그리스도가 있는 세계를 열어젖힌다. 이제 전체 코스모스는 이 예수 그리스도 주위를 돈다. 상징적 재현에서 벗어나는 만남-수-없는 자와의 이 만남으로 인해 바울은 상징적 세계의 헬레니즘적이고 유대교적인 좌표들을 완전히 새롭게 규정함으로써 자신을 구해낸다. 그래서 바울이 첫 번째 코린트서신에서 "신의 어리석음"(고린도전서 1장 25절)과 "그리스도를 위한 어리석음"(고린도전서 4장 10절)을 가지고 말하는 바가 이해될 수 있다. 그렇다면 이미 도래하였지만 세계를 또다시 그 비참함 속에 놔둔 한 메시아에 대한 웃기는 선포에 관해 이야기될 때 발생하는 팔레스타인의 유대교 안에서의 스캔들과 마찬가지로 바울이 죽은 자들의 부활에 관해 말할 때(사도행전 17장 32절) 일어나는 아테네의 아레오파고스[최고 법정]에서의 그리스 현자들의 비웃음은 바로 바울의 진리사건에 대해 설명한다. 상징들을 생산하는 확고하게 규정된 제도들이 단지 하나의 어리석음일 뿐임을 보이는 곳에서 사도[바울] ― 그는 자기 자신을 '그리스도 안에서의 어리석은 자'라고 일컫는다 ― 는 이 그리스적이고 유대-전통적인 제도들을 보면서 그것들의 구멍 난 정당성을 인식한다. 바울은 "정당성의 드라마"의 한 결말을 오로지 그리스도 안에서만 발견한다. 상징적 망상들을 생산하는 부당하게 머물러 있는 세계 속에서의 정당성에 대한 끊임없는 추구, 그야말로 병들게 하는 추구는 끝난 것으로 보인다. 바울의 주체는 세계의 제도들에 대해서가 아니라 단지 신적인 계시에 대해 자신의 열려 있음 속에서만 최종적 정당성을 획득한다.

    샌트너의 이론은 다음의 두 가지 입장들에 의해 규정된다. 1.

주권자적인 초-자아의 입장. 이 입장은 확고히 규정된 상징적 질서를 대변한다. 2. 바울이 대변하는, 그리고 또한 이미 바디우와 지젝에게서도 바울이 대변한다고 하는 윤리[학]적 단독성의 입장. 이 단독성은 환상-및 욕망-생산하는 초-자아에 의한 추방[배제](바울에게는 구약의 율법일 것이다)에서 벗어나도록 하고 어떤 식으로든 타자성(예를 들어 신의 타자성, 그러나 또한 타자의 타자성)에 대해 열려 있도록 한다. 이 경우에 사람들은 "그리스도 안의 삶"(로마서 6장 23절)에 관해 말할 수 있다. 이는 법률이 언젠가 교체 내지는 전복될 수도 있다는 것을 말하지는 않는다. 법률은 인간에게 일반적으로 "아버지의"(라캉) 상징적 질서 속으로 들어가도록 해주고, 그 질서 속에서 비록 자기 안에 단절된 동일[정체]성이라 할지라도 자기 자신의 동일[정체]성을 전개하도록 해주는 영역으로서 필연적이다. 그래서 단순히 법률이 '채택되지 않고' 옆으로 치워져 무효화될 수도 있을 것이라는 점이 상정될 수 있을 것이다. 그러한 일은 항상 일어난다. 그럼에도 불구하고 최종적 정당성은 법률을 통해서가 아니라 단지 신적 계시를 통해서만 있을 수 있다. 신적 계시 안에서 주체는 정당성의 드라마로 나아간다. 그 계시 안에서, 즉 이해할 수 없는 것과의 만남 속에서 주체는 자명해진다.

유대교적-그리스도교적 유산의 본래적 가치는 법률[율법]의 근본적 폐기 속에 놓여 있지 않고(바울 역시 이것을 행하지 않는다. 로마서 3장 31절을 볼 것), 오히려 위에서 기술한 우리를 변형시키는 상징적으로 보증된 사회규범들을 그 자체로 인식하고 중지시키는 역량 속에 놓여 있다. 이러한 배경에서 우리가 이 장의 서두에 아감벤의 추방[배제] 개념과의 차이들을 다루었다면, 이제 또한 샌트너와 바디우 사이의 차이들도 읽혀질 수 있다. 바디우와 반대로 샌트너는 애당초 그리스도교적 주체가 사실적 존재질서와의 경계긋기의 한 제스처로부터 발생한다는 생각에는 관심이 없다. 또한 이러한 관점이 그의 이론에 부가적으로 관련될 때에도, 그는 무엇보다도 하나의 "계시", 다른 말로 하면 수수께끼처럼 남아 있는 어떤 요구에 대해 자기를 닫아버리는 인간의 성향에 관심을 가진다. 그러나 바디우에게 메시아-사건은 엄밀히 말해서 외부로부터 주체 속으로 밀고 들어가는 크기[양]가 아니다. 그에게 다마스쿠스로 가는 길 위에서의 바울과 '현현한' 그리스도 사이의 만남은 그야말로 "우화"의 일부이다. 바디우에게 계시는 순수하게 주체의 내면으로부터 발생하는 크기[양]이다. 강조하여 말하자면 그 계시는 주체 자체로부터 태어난다. 샌트너에게 사정은 뒤바뀐다. 계시는 공포와 두려움을 끼칠 수 있는 미지의 것으로서 외부로부터 주체에게 다가선다. 인간을 규정하는 것은, 비록 공간이란 것이 이 미지의 것을 직접 규정하지 않고 가두어 놓으며 인간에게 개념적으로-이해될 수 있게 어떤 한 자리에 귀속시키는 것임에도 불구하고, 이 미지의 것에 그런 공간을 부여하는 인간의 성향이다. 샌트너에게 인간은 신과 동물 사이에 있는 자신의 위치에 서 있으면서 "계시"를-받아들일 수 있는 존재이다. 인간은 자아의 자기이해에 언제나 선행하는 자기 자신의 내적인 타자성에 대한 어렴풋한 앎에 의거하여 계시를 받아들일 수 있다. 여기서 샌트너의 주체-개념은 바로 타자성의 관점을 약화시키고 동일성 철학으로의 복귀의 필연성을 강조하고자 하는 지젝과 바디우의 그 개념보다 아감벤의 것에 더 가까운 것으로 보인다. 그래서 또한 우리가 이미 위의 아감벤-장에서 언급했었고 '무젤만'과 관련하여 언제나 타자를 단지 윤리적 호소의 상징으로서만 이해하는 타자성-철학에 대해 제기하는 지젝의 비판은 바로 그 주체개념에 해당한다. 아감벤에게 '무젤만'은 그 무젤만이 하나의 잔여, 즉 인간-임[존재]Mensch-Sein에 대한 우리의 생각 너머의 인간성Menschlichkeit으로 나타나게 되는 곳에서 그러한 호소를 구현한다. 그러나 지젝에게 그 '무젤만'은 ── 단적으로 타자로서 ── 애당초 어떤 윤리적 호소를 구현하지 않고, 오히려 치명적인 공포를 작동시킬 수 있는 자이다.[110] 그 타자는 또한 "실재"를, 즉 그것에 직면하여 인간이 무너지게 되는 그런 실재를 구현한다. 지젝은 "이웃"을 볼 때 곧바로 나로 하여금 그 이웃의 동일[정체]성 없음에 몰두하게 만드는 그런 자를 애당초 보지 않는다.[111] 일그러진 얼굴은 우리의 삶을 위협하고 그 때문에 견뎌낼 수 없게 만드는 재현될 수 없는 것으로서의 "실재"와의 만남을 연상시킨다. 그렇지만 샌트너에게 그리스도교적-유대교적 의미에서의 계시는 우선 이런 "괴상한 단독성"uncanny singularity에 대한 허용이며, "우리로 하여금 일상적 삶 속에서의 우리의 책임으로부터 어느 정도 거리를 두게 하는 [……] 환상들을 제거하는 것에 불과"(같은 책, 100쪽 이하)하다. 유대교적-그리스도교적 신의 나라는 얀 아스만Jan Assmann과 레지나 슈바르츠Regina Schwartz가 유대교적-그리스도교적 유래의 유일신론에 대한 그들의 비판 속에서 시사하듯이[112] "어떤 글로벌한 총체성 속으로의 모든 주체들의 최종적인 등록/통합"을 대변하기보다는, "오히려 이러한 단독성의 차원이라는 충격의 보편적 도래"(같은 책, 67쪽)를 대변한다. 성서의 사랑 계명은 "실제적 존재의 매트릭스[모체]"와 정당성을 위한 드라마로부터의 해방을 공인하는 것이 된다.(같은 책, 67쪽) 다마스쿠스로 가는 길 위에서의 바울처럼 부름 받는다는 것은 자기 자신의 이름이 불리는 것을 의미한다. 신에 의한 것이든 타자에 의한 것이든 (외부로부터의) 이러한 부름에 대한 응답 속에서만 개별자는 "내[자아]"Ich를 말하는 역량을 가진다.(같은 책, 87쪽) 그렇다면 바울에게 그리스도 안에서의 부활은 —— 옛 율법 하에서의 삶과 반대로 —— "추방[배제]" 하에서의 생기 잃은 삶으로부터 탈출의 가능성을 대변한다. 그것을 샌트너가 다른 세 저자들보다 덜 정치적-철학적으로 말하지는 않는다. 그렇다면 그리스도 안의 삶으로서의 부활은 전적으로 구약 성서적으로 생각하자면 **대탈출[출애굽]**Exodus의 한 형식일 것이다. 즉 "일종의 이례적 '저편'beyond의 속박상태 속에 우리를 가두는 환상으로부터의 [하나의] 해방"(같은 책, 30쪽 이하)이다. 이 대탈출은 우리의 기세를 꺾어버리며 우리를 내적으로 마비시키는 "추방[배제]"의 잠재능력을 단독적 삶의 잠재능력으로 전환함을 의미한다. 샌트너에게 그 삶은 아감벤의 메시아주의와 반대로 단독적 잠재성의 어느 한 "도래하는 공동체" 안에서의 삶이 아니라, 내가 환상들을 만들어 내면서 이웃 속의 "섬뜩함"을 외면할 필요 없이 그 이웃의 타자성을 목도할 수 있는 그런 "이웃"과 함께하는 하나의 삶일 것이다.

결론적 고찰

결론적 고찰

여기 다루어진 저자들의 바울-독해들은 정치 철학에 대한 새로운 규정의 문제로부터 떨어질 수 없다는 점이 이 논고의 네 개의 장들로부터 분명해졌다. 거기서 바울은 그가 개체의 그리스도교적 실존을 기존의 정치적이고 종교적인 질서에 대한 하나의 독특한 반대 입장에 정립한다는 점에서 그 저자들을 사로잡는다. 자신에게 해당하는 상징적 질서 속에서 안정을 찾지 못하는 자아의 내맡겨져 있음은 한 의미지평 속에 은폐되어-있음을 경험하는 삶이 아니라, 항상 모든 기존의 것을 능가하며 근본적으로 그것을 의문시하는 어떤 계시에 따라 펼쳐지는 삶으로 인도한다. 바울적인 "마치-~이 아닌-것 처럼"에서 그리스도 안의 인간적 실존은 빠져나와 있다herausstehen와 맞서 있다entgegenstehen로 번역될 수 있는 그리스 말 엑스-히스타나이*ex-histanai*의 의미에서의 "홀린"ekstatisch[무아경의] 상태가 된다. 여기에서 그리스도교적 주체에게는 그 주체가 자신의 동일[정체]성을 전개하고 있는 질서로부터 비집고 나오도록 그 주체를 돕는 어떤 파국적 잠재력이 귀속된다. 어떤 의미에서 이는 법률이 저자들에 의해 경제적으로, 정치적-상징적으로 또는 종교적-형이상학적으로 해석되었듯이 그 모든 다양한 면들과 형식들에 있어서의 "법률"로부터의 해방을 말한다. 아감벤에게 그것은 바울적 주체를 어떤 규정적 사유로는 더 이상 파악될 수 없는 하나의 본질로 만드는 "나눔의 나눔"이다. 그것은 개념적 사유의 너머에 하나의 "잔여"를 남겨 놓는 것이다. 바울의 사유는 단지 확고히 규정된 구조들을 통해서만 권력지위들을 지탱할 수 있는, 그리고 그때 하나의 추방[배제]-영역을 만들어내는 정치적 담론에 대한 반대담론이다. 아감벤에게 이러한 질서가 외부로부터 주체에 영향을 끼치는 국가적 권력장치들(법원, 경찰 등등)을 통해 규정되어 있다면, 샌트너에게 상징적 질서는 인간의 무의식적인 것에 해당하는 타자규정적인 본보기를 대변한다. 그래서 "율법"과의 단절로서 바울적 계시가 샌트너에게는 이러한 무의식적인 그리고 무의식적인 것을 각인하는 타자규정의 중단과 미지의 것에 대한 자기 개방을 말한다. 아감벤과 마찬가지로 샌트너는 인간이 규정될 수 없는 것에 대해, 즉 자신의 고유한 내[자아]의 타자성과 타자의 타자성에 대해 자기를 개방하는 자로 나타내는 인간학을 기획한다.

그에 반해 지젝과 바디우는 바울에게서 집합체Kollektiv에 대해 근본적인 완고함을 지닌 개별적 주체를 대변하는 하나의 진리의 정초자를 본다. 그 주체는 그들이 강조하는 그리고 하버마스식 담론윤리학의 의미에서 대화를 통해 규정되는 주체라는 개념구상뿐만 아니라 또한 동일[정체]성을 타자성을 통해 대체하는 해체의 철학적 담론과도 단절하는 개별의지의 파국적 잠재력이다. 거기서 바울은 보편적 그리스도교라는 그의 진리요구가 여기 지금 "도래하는 공동체"에 관한 담론(아감벤)이나 "이웃"과 함께하는 삶(샌트너)에는 모순되는 근본적 내재의 사도가 된다. 바디우와 지젝에게 "메시아주의적" 공동체는 인간이 마침내 타자성(들)을 다루는 법을 배우게 되면 도래하게 될 어떤 공동체가 아니다. 오히려 "메시아주의적" 공동체는 이미 오래전에 여기에 있는 공동체이다. 그리스도교의 신은 초월적(타자성에 기인하는) 예외가 아니다. 왜냐하면 파국은 이미 시작되었기 때문이다. 즉 신은 세상으로 되돌아왔다. 다시 말해 그 신은 불타는 가시덤불이나 솟구치는 불기둥으로서가 아니라 유랑설교자로서 돌아온 것이다. 신은 추방[배제]된 예외도 타자성도 아니다. 그 신은 유대교적 신에 대해서는 무nichts, 즉 재현될 수 없을 무엇이다. 이러한 의미에서 지젝에게는 이그나티우스 폰 로욜라Ignatius von Loyola의 준칙이 이해될 수 있다. 이그나티우스의 그 준칙은 다음과 같다. "마치 너는 아무것도 하지 못하고 오로지 신만이 모든 것을 할 수 있는 것인 양 그렇게 신을 신뢰하라. 그렇지만 그때 마치 일의 결과가 전적으로 너에게 달려 있고 신에게 달려 있지 않은 것인 양 그렇게 모든 노력을 기울이라." 지젝에게 그 명제는 곧바로 우리가 우리 자신만을 믿는다고 생각하는 곳에서조차도 암암리에 신을 믿어야 할 것임을 말하지는 않는다.[113] 이러한 의미에서 모든 참여는 단지 하나의 연극, 즉 하나의 자기기만일 것이다. 우리는 이러한 태도를 —— 지젝이 말하듯이 —— 유대교 안에서 만난다. 즉 믿음이 행위들 속에 놓여 있다는 모든 강조에는 그럼에도 불구하고 상징적 질서가 암암리에 신을 통해 보장된다는 점이 전제된다는 것이다. 그리스도교적 주체는 통용되는 대안들의 틀 속에 머물러 있지 않고 오히려 가능성의 스펙트럼을 능동적으로 확장하려고 시도한다. 그리스도교적 주체는 당장은 이해될 수 없거나 판정될 수 없는 어떤 무엇을 대변한다. 따라서 그 주체는 바로 "나눔의 나눔"(아감벤)을 대변하는 것이 아니라, 우선은 정립함 자체의 제스처로부터 비로소 이해될 수 있는 것, 즉 이미 앞서 (예를 들어 신이나 한 메시아주의적 공동체 속에 잠재적으로) 현전하지 않을 것을 정립하는 제스처를 대변한다. 이러한 의미에서 그리스도교는 단지 그 자체의 고유한 이해가능성 내에서만 이해될 수 있다. 그리스도교적 주체는 이전에는 가능하지 않았던 하나의 공간을 열어준다. (예를 들어 보편적 진리를 선포하는 형태의) 행위는 신의 죽음 앞에서 발생하는 것을 실현될 수 있는 것으로 보이게 하지만, 그 발생하는 것이 신의 전능을 통해 당연히 원래부터 이미 실현될 수 있었던 것이라는 하나의 신비적 신앙을 다시 가동시키지는 않는다. 지젝에게 그 행위는 기존 질서의 존재하는 것과는 반대로 생성하는 것das Werdende이다. 지젝에게 그 생성하는 것은 유대교와 달리 우리에게 "일상적 대상[인간]과 숭고한 대상[그리스도의 모습 속의 신]의 일치, 나아가 동일성을 가르쳐주는"[114] 그리스도교이다. 그리스도교적 주체는 걸어갈 때 비로소 발생하는 하나의 길을 터준다.

추서: 나는 이 책을 쓸 때 나에게 많은 도움을 주었던 로베르트 부흐Robert Buch, 에바 부데베르크Eva Buddeberg, 에릭 샌트너 그리고 요하네스-마리아 슈타인케Johannes-Maria Steinke에게 그들의 격려와 비판에 대해 감사드린다.

미주

1. 이 책은 2006년 12월에 발표된 한 논문의 확장이다. 도미니크 핀켈데 Dominik Finkelde, 「바울에 대한 논쟁. 알랭 바디우, 조르조 아감벤, 슬라보예 지젝의 독해들에 대한 접근」Streit um Paulus. Annäherungen an die Lektüren von Alain Badiou, Giorgio Agamben und Slavoj Žižek: 『철학적 조망』Philosophische Rundschau 54권 4호(2006)에 수록, 303~332쪽 참조.

2. 폴 추커Paul Zucker, 「폐허. 하나의 미학적 혼성물」Ruins. An Aesthetic Hybrid: 『미학 및 예술비평 저널』The Journal of Aesthetic and Art Criticism, 20권 3호(1961)에 수록, 119~130쪽, 여기서는 122쪽.

3. 게오르크 짐멜Georg Simmel, 「폐허. 하나의 미학적 시론」Die Ruine.

Ein ästhetischer Versuch: 같은 저자, 『전집. 1901-1908년의 논문들과 논설들』 Gesammtausgabe, Aufsätze und Abhandlungen, 1901~1908, 2권, Frankfurt a. M: Suhrkamp, 1993에 수록, 124~130쪽.

4. 알랭 바디우Alain Badiou, 『바울 —— 보편주의의 정초』 Paulus – Die Begründung des Universalismus, H. 야토H. Jatho 옮김, München: sequenzia Verlag, 2002, 182쪽. [프랑스어 원본: 『성 바울. 보편주의의 정초』 Saint Paul. La fondation de l'universalisme, Paris 1990. 국역본: 『사도바울. '제국'에 맞서는 보편주의의 윤리를 찾아서』, 현성환 옮김, 새물결, 2008, 190쪽 참조]

5. 조르조 아감벤Giorgio Agamben, 『남아 있는 시간 —— 로마서에 대한 하나의 주석』 Die Zeit, die bleibt - Ein Kommentar zum Römerbrief. D. 지우리아토D. Giuriato 옮김, Frankfurt a. M: Suhrkamp 2006, 143쪽.[이 탈리아어 원본: 『남아 있는 시간: 로마서에 대한 하나의 주석』 Il tempo che resta: Un commento alla lettera ai Romani, Bollati Boringhieri 2000. 국역본: 강승훈 옮김, 『남겨진 시간: 로마인들에게 보낸 편지에 대한 강의』, 코나투스, 2008, 211쪽 참조]

6. 아감벤은 그 말을 자신의 바울-책의 프랑스어 판본의 표지 선전문에 쓰고 있다. 아감벤, 『남아 있는 시간』 Le temps qui reste, Paris: Editions Payot & Rivages, 2004 참조.

7. 이에 대해서는 N. 블레슈N. Belayche, 「서기 1세기 전반 팔레스타인에서의 메시아의 정치적 형태들」 Les figures politiques des Messies en Palestine dans la 1er moitié du 1er siècle de notre ère을 참조: D. 톨레D.

Tollet, 『고대와 중세 유대교에서의 정치와 종교』*Politique et religion dans le judaïsme ancien et médiéval*, Paris: Sorbonne, 1989에 수록. 또한 새뮤얼 브랜든Samuel Brandon, 『예수와 열심당원. 원시 그리스도교에서의 정치적 요인에 대한 연구』*Jesus and the Zealots. A Study of the Political Factor in Primitive Christianity*, Manchester: University Press, 1967도 참조.

8. 여기서 바울이 자신의 회심 전에 특정한 모임들에 의해 교리교육을 받지는 않았는지 그리고 메시아-체험이 그와 복음주의자 루카스[누가]에 의해 의도적으로 각색된 것은 아닌지는 확실치 않다. 바디우의 출발점은 역사적-비판적 분석이 아니라 신약성서의 텍스트들의 서술적 구조이다. 이 텍스트들은 바울의 회심을 신적인 개입으로 기술한다.

9. 알랭 바디우, 『존재와 사건』*Das Sein und das Ereignis*, G. 카멕케G. Kamecke옮김, Zürich: diaphanes 2005. 프랑스어 원본: 『존재와 사건』*L'être et L'événement*, Paris: Edition du Seuil 1988.[국역본: 『존재와 사건』, 조형준 옮김, 새물결, 2013]

10. 알랭 바디우, 『윤리학 —— 악의 의식에 대한 시론』*Ethik - Versuch über das Bewusstsein des Bösen*, J. 브랑켈J. Brankel 옮김, Wien: Verlag Turis & Kant 2003). 프랑스어 원본: 『윤리학. 악의 의식에 대한 에세이』*L'ethique. essai sur la concience du mal*, Paris: Hatier[국역본: 『윤리학. 악에 대한 의식에 관한 에세이』, 이종영 옮김, 동문선, 2001]

11. 로베르트 무질Robert Musil, 『어린 퇴어레스의 혼란』*Die Verwirrungen des Zöglings Törless*, Reinbek bei Hamburg: Rowohlt 1989, 62~63쪽.
12. 여기서 바디우 철학에 대한 괴델Gödel과 코헨Cohen의 영향에 대해서는 지면관계상 생략되었다.
13. 리하르트 데데킨트Richard Dedekind, 『수학적 저작 모음집』*Gesammelte mathematische Werke*, 3권, R. 프릭케R. Fricke 편집, Braunschweig: F. Vieweg & Sohn, 1930~1932, 449쪽.
14. 칸토어는 예수회 추기경 프란첼린Franzelin과의 서신교환에서 그가 자신의 이론을 신에 대한 자신의 형이상학적 신앙과 문제없이 결합시킬 수 있었음을 보여주는 신학적 논변을 가지고 자신의 근본 개념 구상을 옹호한다. (그 점에서 바디우는 칸토어를 따르지 않을 것이다.) "하지만 '창조된 무한'infinitum creatum이 실존하는 것으로 상정되어야만 한다는 점은 다양하게 증명될 수 있습니다. 머지않아 성직자 신분을 그만두는 만큼 저는 이 문제를 두 가지 간략한 시사점들에만 제한하고 싶습니다. 하나의 증명은 신의 개념으로부터 출발하여 우선 신의 본질인 최고의 완전성으로부터 질서 지어진 유한너머 Transfinitum ordinatum라는 창조의 가능성을 추론하며, 그 다음에는 신의 전적인 선과 훌륭함으로부터 실제로 성취된 유한 너머라는 창조의 필연성을 추론합니다. 다른 하나의 증명은 유한 너머라는 가정이 소산[낳아진] 자연natura naturata 안에서 반대의 테제보다 더 나은 설명을, 말하자면 현상들, 특히 유기체들과 영적인 현상들에 대해 더 완전한 설명을 가능케 한다는 점을 후험적으로 보여줍니다."

(1886년 1월 22일자 편지) 게오르크 칸토어, 『편지들』 *Briefe*, 헤베르트 메쉬코브스키Hebert Meschkowski와 빈프리트 닐슨Winfried Nielson 편집, Belrin: Springer Verlag, 1991 참조.
15. 하이데거는 그 개념을 『존재와 시간』 *Sein und Zeit*의 46-53절에서 전개한다. Tübingen: Max Niemeyer Verlag, 1993 (제18판).
16. 바디우는 칸토어를 명백히 "신학자"로 부른다. 왜냐하면 칸토어는 "존재의 절대성을 다수Vielheit의 (지속[일관]적konsistenten) 현시 Präsentation가 아니라, [……] 초월에 [귀속]시키기[……]" 때문이다. "그래서 칸토어의 사유는 절대를 최고의 무한, 따라서 초수학적이며 불가산적인 무한으로서 생각하는 존재-신학과 [……] 지속[일관]성Konsistenz에 맞서있는 것(역설적 다양들Mannigfaltigkeiten)이 그 지속[일관]성이 불가능하게 되는 점Punkt인 한에서, 따라서 한마디로 무*nichts*인 한에서, 그 지속[일관]성이 비지속[비일관]성Inkonsistenz에 관한 이론이 되는 수학적 존재론 사이에서 흔들린다. 따라서 그 무는 존재에 대한 하나의 현시가 있다는 것을 근거 지을 수 있는 존재하지 않는 점이다." 바디우, 『존재와 사건』 *Das Sein und Ereignis*(미주 9번과 같음), 59쪽 참조[국역본 87, 88쪽 참조].
17. 알랭 바디우는 수학에서 철학을 위한 하나의 모범적 모델을 본다. 왜냐하면 수학은 수학적으로 무엇이 참인지 거짓인지를 말해주는 순수하게 내재적인 공리들을 통해 특징지어지기 때문이다. 만일 수학이 전적으로 투명한 학문분과라면, 그것은 바로 "어떠한 수학적 대상들도 [없기]" 때문이다. "수학은 엄밀한 의미에서 아무것도 현시

하지 않지만, 그렇다고 해서 수학이 한낱 공허한 놀이는 아닐 것이다. 왜냐하면 현시 자체, 말하자면 다수 외에는 아무것도 현시할 수 없다는 것과 그래서 결코 대상의 형식과 부합하지 않는다는 것이 분명 존재로서의 존재에 대한 모든 담론의 한 조건이기 때문이다." (바디우, 『존재와 사건』Das Sein und das Ereignis[=SuE], 미주 9번 참조, 21쪽[국역본 32쪽 참조]) 수학은 모든 인식할 수 있는 대상을 서술[현시]하는 논리Logik, 즉 집합론의 형식화된 공리들과 정리들 속에 표현되는 논리로서 서술[현시] 자체의 논리를 명백하게 만든다. 수학은 수數-다多Zahlen-Vielheit로부터 출발하는 교설이며, 이 수-다를 하나의 통일성으로 환원시키지 않는다. 여기서 바디우의 출발물음은 다음과 같다. 일자das Eine 아니면 여럿das Vielfältige, 무엇이 먼저 있었는가? 그 물음은 그에 의해 분명 차이-이론의 전통과 더불어 답변된다. 말하자면 일자 없이 단지 다수/다양Mannigfaltige만이 있다. 그래서 수학적 집합론이 기술하는 것은 통일성Einheit이라는 실제로 특수화된 그 어떤 실정성으로 환원시킴 없이 어떤 절대적 다수의 원소들, 즉 어떤 절대적이며 무한한 다수의 무한함들에 대한 구별이다. 다수는 그것이 집합-론을 표현하듯이 "일자-없는"sans-un 다수이다. "하나인 것[일자]은 존재하지 않는다Das Eins ist nicht." 하지만 "하나가 있다Es gibt Eins."(SuE 37쪽[국역본 56쪽 참조]) 그런데 무엇이 근원적 혼돈의 다수성으로부터 최종적으로 의미들과 존재하는 것들을 발생시키는가의 물음에 대해 바디우는 하나-로서-셈하기Zählung-als-Eins라는 자신의 조작 이론Theorie der Operation을 가지고 대답한다.(SuE 38쪽[국역본 57쪽 참조]). 거기서 근본적 공백은 넘치는 충만[다량]으로 뒤바뀐다. "그 어떤 무엇이 한 상황 속에서 하나로서 헤아려지는 경우, 이는 단지 [……] 그 상황에 그것의 속함만을 표시한다."(SuE 38쪽[국역본 57쪽 참조]) 한 집합에 주어진 한 원소의 통일성, 즉 그 원소의 동일성/개체성은 정확히 한 부분 내지는 부분집합의 통일성이 단지 그 부분집합에 참여함을 통해서만 규정되는 것과 마찬가지로 이 집합에 속함을 통해서만 결과한다. 한 원소의 통일성은 이 원소의 내적 성질도 아니고 어떤 플라톤적 존재자의 모방적 "참여"의 결과도 아니다. 그 통일성은 한마디로 말해 한 특정한 집합에 속함의 결과이다. 이러한 확인과 더불어 바디우는 어느 정도까지 우리가 일반적으로 사물들, 즉 개별대상들에 관해 말하는지, 도대체 어디에 다수들, 정확히 말하면 무한히 많은 다수들이 있는지를 설명하고자 한다. 그래서 그에게 있어 한 원소의 통일성은 하나-로서-셈하기를 요구하며, "하나로 관찰되도록 해주는 구조적 반작용"(SuE 110[국역본 159쪽 참조])에 기인하는 것이다. 그때 무엇이 한 집합 안에 있는지는 상관없으며, 중요한 것은 우리가 하나-로-센다는 것, 말하자면 언제든지 여럿을 "하나로 만든다"는 것이다. 마찬가지로 바디우의 "상황" 개념은 집합의 개념과 동의어이다. "나는 상황을 모든 현시된 다수라고 부른다."(SuE 38[국역본 57쪽 참조]) 바디우는 그가 『존재와 사건』의 아홉 번째 고찰에서 언급하게 되는 "상황"의 개념이 또한 정치적 상황들에도 적용될 수 있기 때문에, 그 개념을 도입한다.

거기서 모든 상황은 모든 집합과 마찬가지로 하나의 조작Operation, 즉 구조화의 결과이다.

"일자"라는 근거 짓는 명명은 공백을 바라보는 두려운 시선 속에서 이미 사로잡혀 있었던 근거 지어지지 않은 결단Dezision으로부터 발생한다. 말하자면 그 명명은 '공허한' 명칭, 즉 자기 속에 일치하는 구성을 가능하게 만드는 하나의 추론적 명칭이다. 모든 근거 짓는 원소들 자체는 언제나 본질적으로 비어 있을 것이다. 이는 그 원소들이 인간에게, 예를 들어 (바울의 것과 같은) 어떤 "사건"의 계기 속에서 거의 절대적인 의미와 의미-충만일 수 있다는 것을 말하지는 않는다. 그렇다면 그렇게 한 사건이 일어나고 있는 상황의 지평은 그 자체 지평으로서는 검증을 위해 전면에 놓일 수 없다. 왜냐하면 그 지평이 비로소 검증 일반을 가능케 하기 때문이다.(SuE 50쪽[국역본 78, 79쪽 참조]) 이로써 바디우는 결국 이미 하이데거가 『존재와 시간』에서 명확히 했던 사유도정, 말하자면 사람들은 이미 —— 일자에 대한 모든 이론적 정초에 앞서 —— 자기 자신의 상황에 대한 어떤 기초적 선-이해를 가지며 이미 사물들과의 관계 속에 처해 있다는 것을 확인시켜준다. 모든 것을 판정하는 역량으로 사람들은 분석되어야 할 것에 대해 알려주는 상황을 이미 이해해야만 한다.

그래서 집합론은 "공백이 있다"는 주장과 함께 시작한다. 그 주장을 표기하면 Ø이다. 이때 바디우는 어떻게 전체 수들의 집합이 실제로 부분집합들의 공리와 결합하여 공백의 공리에 근거 지어지는지를 보여주려 한다. 부분집합들의 공리로서 이해되는 바는 한 집합

α가 존재하는 경우, 그 집합의 부분집합 내지는 부분들(즉 그 집합의 부분들의 여러 조합들)인 집합도 존재한다는 것을 설명한다. 이 집합은 다음과 같이 표기된다. $P(α)$. 여기서 P는 다수 α에 대한 하나-로서 셈하기를 대변한다. 그런데 공집합 Ø 자체는 아무 원소도 갖지 않는다. 그러나 모든 집합들처럼 그 공집합도 보편적으로 모든 집합 속에 포함되어 있는 하나의 부분, 즉 공집합 {Ø}을 갖는다. 공집합이 공백의 공리를 통해 주장된다고 전제되면, $P(Ø)$ =공집합에 대해 하나-로서-셈하기는 그것의 한 부분에 대해 "하나-로서-셈하기"인 부분집합들의 공리를 통해 주장된다.(SuE 108쪽[국역본 156, 157쪽 참조]) 이 새로운 집합 $P(Ø)$ 또는 {Ø}는 하나의 원소, 즉 Ø 자체(=공백 자체의 본래적 명칭)를 갖는다. 단지 공백만이 속하는 이 집합은 아무것도 공백에 부속할 수 없기 때문에 그냥 공백이 아니고, 오히려 그 공백은 집합의 원소로서 그 집합의 부분집합들 속에 포함되어 있다. 그래서 공백의 보편적 포함은 하나의 "새로운" 원소를 소위 그 원소의 부분집합들의 집합 속에 생성한다. 그래서 우리가 하나의 공집합 {Ø}을 가지는 경우, 그 공집합 안에 또다시 비어 있는 하나의 내재하는 부분집합, 즉 공집합 {Ø}이 통합된다. 바디우는 다음과 같이 말한다. 'Ø에 대해 단집합[하나-로-만들기의 하나 된-결과]이 존재하기 때문에, 그 단집합을 하나-로-만들기, 말하자면 Ø에 대한 하나-로-만들기의 하나-로-만들기도 존재한다. 즉 표기하면 {Ø} ? {{Ø}}."(SuE 112쪽[국역본 161쪽 이하 참조]) 하나의 공집합이 정해지면, 부분집합들의 공리는 그러니까 $P({Ø})$,

즉 부분집합들의 집합도 마찬가지로 존재한다는 사실에로 인도한다. 이제 집합 P ({∅})는 두 개의 부분집합들 또는 부분들, 즉 "말하자면 '전체부분'을 나타내는" {∅}까지도 포함한다.(SuE 152쪽) 그리고 "또한 공백은 보편적으로 모든 다수 속에 포함되어 있기 때문에, ∅도"(SuE 152쪽[국역본 223쪽 이하 참조]) 있다. 이러한 과정은 거듭해서 반복될 수 있다.(SuE 109쪽[국역본 157쪽 이하 참조])

그렇지만 여기서 바디우에게는 또 하나의 다른 공리, 즉 멱冪집합 Potenzmenge의 공리가 중요하다. 말하자면 그 공리는 "[한 집합에] 속함과 [한 집합 안에] 포함 사이의"(SuE 102쪽[국역본 147쪽 참조]) 구별을 모든 집합에 해당하는 하나의 근본적인, 거의 존재론적인 차이로서 표현한다. 멱집합의 공리는 다음의 것을 말한다. "만약 한 집합 α가 존재한다면(현시된다면), 그 집합의 모든 부분집합들의 집합도 또한 존재하며"(SuE 102쪽[국역본 147쪽 참조]), 그때 "여기서 결합되는 속함과 포함"의 변증법은 "[……] 하나-로서-셈하기의 세력영역을" 확장하는데, 정확히 말하면 "다수 속에서 내부적인 다수들의-현시로서 구별되는 것에"(SuE 102쪽 이하[국역본 148쪽 참조])까지 확장한다. 집합 P (α)[=α의 모든 부분집합들의 멱집합]는 집합 α 자체와는 본질적으로 상이하다. 이 중심적 논점은 α를 곧바로 자신의 원소들의 하나(=속함)로서 그리고 또 곧바로 자신의 부분들의 전체(=포함)로서 생각하는 것이 거짓이라는 것을 보여준다. "α 안에 포함되어 있는 다수들의 집합, 즉 α의 부분집합들의 집합은 하나의 새로운 다수[……]인데, 그 다수의 존재는 [……] 한 특수한 존재론적 관념, 말하자면 멱집합의 공리를 통해서만 보장된다."(SuE 103쪽[국역본 148쪽 참조]) 그래서 "속함과 포함 사이의 변증법"(SuE 102쪽[국역본 148쪽 참조])에 관한 바디우의 이야기는 "(속함들 또는 원소들을 하나로 헤아리는) 집합 α와 (포함들 또는 부분집합들을 하나로 헤아리는) $P(α)$" 사이의 한 간극을 묘사한다.(SuE 103쪽[국역본 148쪽 참조]) α(=$P(α)$)의 모든 부분집합들의 집합은 α 안에 포함된 모든 다수들을 하나로서 셈한다. "그렇지만 이 두 번째 셈하기는 비록 α에 관련되어 있긴 하지만 α 자체와는 절대적으로 상이하다."(SuE 103쪽[국역본 149쪽 참조]) 바디우는 다음과 같이 말한다. "이제 여기서 멱집합의 공리 —— 공백이라는 명칭은 그 공백 자체의 부분이다[말하자면 그 명칭은 그 공백 안에 통합되어 있지만, 그 공백에 속하지는 않는다: 저자] —— 와 하나-로-만들기의 조합된 효과를 통해 전부 공백으로부터 획득되는 새로운 다수들에 대한 무제한적 생산이 시작된다."(SuE 112쪽[국역본 162쪽 참조], 강조는 저자 D. F.에 의한 것임) 우리가 이 형식주의적 모델을 —— 바디우가 이 모델을 자신의 저작 『존재와 사건』의 아홉 번째 고찰에서 스스로 시사하듯이 —— (바울의 진리사건의 **정치적** 차원을 지시하기도 하는) 정치 철학의 맥락 속으로 옮겨 놓는다면, 집합론의 형식들을 적용함에 있어서 바디우에게 본래 문제가 되는 것이 무엇인지는 보다 더 명확해진다. 바디우에게 집합론의 공리들은 모든 집합이 결코 완전할 수 없다는 것을 보여준다. 왜냐하면 집합(또는 상황)을 그 자체로 규정하는 것은 장소를 국한할 수 없는 —— 그렇지만 그 집합에 근본적으로 속하는 —— 공백에 달려 있기 때문이다. 은유적 의미에서 이 공백은 재현과 동일화에서 끊임없이 벗어나며 동시에 집합 자체의 구성을 가능케 하는 하나의 계기로서 이해될 수 있다. 이 공백은 언제나 상황의 부분이지만 하나의 측연測鉛으로는 측정될 수 없는 '심연'을 또한 은폐한다. "모든 다수-현시에는 그 자체로서 존재[있음이자 ~임]인 공백의 위험이 숨어 있다. 다수의 지속[일관]성은 상황 속에서는 [······] 비지속[비일관]성의 명칭인 공백이 그 자체 현시되거나 확인될 수 없다는 점에 기인한다. [······] 상황은 공백에 대해 지켜질 수밖에 없다."(SuE 113쪽[국역본 163쪽 참조]) 말하자면 바로 공백은 상황 내지는 집합에 의해 그 장소가 국한, 즉 인식되거나 규정될 수 없기 때문에(공백은 상황의 맹점이며 동시에 상황의 기초이자 '심연'이기 때문에), 상황은 끊임없이 공백에 대해 지켜질 수밖에 없다.

예를 들어 과도하게 자본주의적 원리들에 의거하며 배타적으로 부유한 상류층에 의해서만 지배되는 하나의 허구적 국가존재Staatswesen를 상상해 보자. 그 국가존재 속에서 착취당하는 인민계층은 "속함"에 기인하는 하나의 부분집합으로서 지각되지 않는다(궁극적으로 그 인민계층은 단지 포함되어 있을 뿐이다). 왜냐하면 그 상황에서 확고한 지위를 가지고 있으며 대-표되어 있는 부유한 부분집합들조차도 자신의 본질Wesen 속에 있는 집합 또는 상황에 해당하는 아주 특정한 방식과 방법에 따라 권력을 가지는 집합들이라는 하나-로-헤아려졌기 때문이다. 다시 말해 권력을 가지고 있는 존재자들로 일컬어졌기 때문이다. 우리의 예에서 이 상류층의 사회구성원에 해당하는 것과 같은 집합에 속함은 바디우에게는 기존의 집합에 해당하거나 아니면 "단지" 포함된 부분집합으로서, 예컨대 프롤레타리아트라는 부분집합으로서 전혀 다른 존재론적 상태인 기존의 정치적 상황에 해당한다. 집합 안에 포함되었지만, 집합에 "속하지" 않는 프롤레타리아트에 대한 착취는 기존의 매개변수의 유감스러운 역기능으로서 이해되지만, 예를 들어 경제활동을 통해 얻은 잉여가치의 불균등한 분배의 원인으로서 이해되지는 않는다. 그래서 은유적 의미에서 프롤레타리아트는 기존의 상황에 의해서는 전혀 궁지에 처한 상황으로 간주될 수 없는 "공집합"으로 입증된다. 따라서 "공집합"의 공리는 은유적으로 모든 (정치적) 상황의 한 계기, 즉 —— 제외된 것으로서 —— 상황의 연관[정합]성Kohärenz을 보장하는 계기로서 나타난다. 그래서 속함과 포함 사이의 차이는 이것이 결코 중지상태에 이를 수 없기 때문에 또한 "사유의 지속적인 물음 [······], 즉 존재에 대한 지성적 도전"(SuE 104[국역본 149쪽 참조])을 대변한다. 그런데 이는 수학에 대한 바디우의 중심적 관심을 형성하는 비결정성의 관점이다. 왜냐하면 바로 이 비결정성 속에서 어떤 새로운 것이, 즉 그것이 갑자기 여기 존재하는 순간까지는 사전에 한 집합의 상황 속에서, 말하자면 그 상황의 연관[정합]성의 상태로부터는 파악될 수도 알아차릴 수도 없었던 그런 새로운 어떤 것이 생성될 수 있기 때문이다. 그리고 바디우에게 그런 하나의 사건은 바울의 메시아-사건이다. 그래서 바디우가 수학으로 되돌아가는 경우는 바로 칸토어와 괴델과 코헨의 수학 속에는 단순히 결단주의로의 회귀가 숨겨져 있지 않다는 점을 증명하기 위한 것이다. 언제든지 α인 것과는 무관하게 적어도 α의 원소가 아닌 $P(α)$의 한 원소가 공집합 {∅}라는 특수경우에서도 존재한다. 바디우는 다음과 같이 말한다. "[어떠]한 다양 α도 자신의 부분집합들의 집합과 일치할 [수] 없다. 속함과 포함은 현존하는 존재의 틀 안에서 철회될 수 없이 분리되어 있다."(SuE 104쪽[국역본 149쪽 참조]) 그래서 바디우가 한 상황의 "상태[국가]Sta[a]tus"[état]라고 일컫는 것은 통제할 수 없는 것, 즉 집합 내부의 "심연", 다른 말로 하면 잠재적 "과잉"을 통제하고 부분집합들의 집합을 확립하기 위해 개입하는 그런 권력[힘]을 묘사한다. 국가Staat/상태Status는 다양한 방식들과 방법들을 조직하고 한 집합의 부분들을 하나의 통합된 전체 안으로 가져가려고 시도한다. 그렇지만 상황의 구조에 대해 국가의 셈하기의 원리(국가의 원소들을 헤아리기)는 자기 자신을 자신의 구조 속에 보존할 만큼 충분치 않다. 그 구조는 원소들 너머의 부분들의 과잉에 대해 어떠한 질서도 지탱하지 못한다. 하나의 상황은 자신의 원소들을 헤아리며, 한 상황의 상태는 어떻게 그 원소들이 조합되는지의 방식과 방법을 헤아린다. 상태/국가는 사물들을 그것들의 자리에 붙잡아 둔다. 그러한 한에서 바디우에게 상태/국가는 아주 본질적으로 질서 지어진 대상[객관]성Objektivität의 원리를 통해 구현된다. 질서의 폭력적 부과는 그 자체 대상[객관]성의 한 내적 특징이다. 달리 표현하면 국가는 모든 개별적 상황 내지는 집합의 구성요소인 근본적 공백의 드러남을 방해하지만, 그렇다고 해서 국가가 집합을 결코 절대적으로 통제할 수는 없다. 결국 하나의 사건이 일어나는 경우, 이 사건은 바디우적 의미에서는 무로부터 나오며 그 사건의 참됨[진실]Wahrheit을 퍼뜨리는 "사건"이다. 그러나 한 사건의 참됨[진실]은 단지 그 참됨[진실]이 존재한다는 점만을 주장할 수 있다. 사람들은 그 참됨[진실]에 대해 믿을 수밖에 없으며 그러한 믿음의 결과들에 대해 확신에 찬 충실성을 고수할 수밖에 없다. 그래서 바디우에게 그런 하나의 "사건"은 신적인 개입, 즉 신적인 예외의 표현이 아니라, 집합의 코르셋Korsett을 내부로부터 터트리는 과잉들이 표현되도록 해주는 세계-내재적인, 말하자면 집합들-내재적인 의미과정들의 신기한 산물이다. 기존 질서도식들의 이러한 전복들은 더 이상 생명을 불어넣는 차원으로서의 신의 무한성을 마주 세워 놓을 필요 없는 하나의 내재적 세계의 예견될 수 없는 생생함을 이루어낸다. 그래서 만약 바디우적 의미에서 하나의 "참됨[진실]"이 나타난다면, 그 참됨[진실]은 사전에 알아채지 못한 것으로서의 어떤 한 상황의 공백이 모든 원소들을 완전히 새로운 —— 상황의 옛 안정성을 위태롭게 하는 —— 관점 하에 세워 놓는 곳에서, 이른바 하나의 사이공간을 제공하는 곳에서 나타난다. 하나의 참됨[진실]은 오직 한 상황의 공백이 그 상황의 아킬레스건인 곳에서만, 말하자면 닫혀 있지 않으며 재-현[대-표]Re-Präsentation을 통해 통제될 수 없는 점Punkt인 곳에서만 발생할 수 있다. 한 '상황'의 방호판과 질서조치로 인해 인식될 수 없는 상황 내부의 이러한 장소(그 장소의 공백, 그 장소의 맹점)는 바디우가 "사건의 장"site de l'événement이라 일컫는 것이다. 그것은 상태(국가)Sta(a)tus의 통제 너머에 완전히 새로운 어떤 것이 나타나게 되고 발생하게 되는 장소이다. 그러므로 하나의 진리-사건은 현재의 상징적 질서를 가능케 하기 위해 제외된 것의 장소를 차지한다. 이에 대해 지젝은 다음과 같이 쓰고 있다. "사건이란 '공식적' 상황이 '억압'해야만 했던 것을 가시적/가독적이게 만드는 상황의 진리이다."(지젝, 『주체의 까다로움』, 175쪽[국역본: 『까다로운 주체』, 이성민 옮김, 도서출판 b, 2005, 210쪽]) 그래서 바디우의 존재론과 공백에 대한 그의 개념구상은 수학의 도움으로 세계에 대한 묘사, 말하자면 항상 —— 그 세계의 한갓된 대상[객관]성 속에서는 —— 공백, 즉 세계 내의 빈자리를 통해 발생할 수 있는 과잉을 통해 위협받는 세계에 대한 묘사를 표명한다. 바울에 의해 알려진 예수 그리스도는 공백의 산물이자 그 자체로 체계를 파괴하는 계기이다. 왜냐하면 그 계기는 헬레니즘뿐만 아니라 유대교의 기존의 정치적 "집합들" 속에 통합되지 않기 때문이다. 그러나 그러한 진리[참됨]의 존재는 곧바로 증명될 수 있는 것이 아니라 단지 주장될 수 있을 뿐이다. 이러한 주장은 바디우가 "충실성"이라 일컫는 것과 더불어 걸어갈 때 비로소 생기는 길을 열어준다.

18. 바디우에게 이 사건들은 네 가지 영역들에서 나타난다. 즉 정치, 학문, 예술 그리고 사랑.

19. 종교적 계시는 바디우가 진리사건이라는 자신의 개념을 위해 인정하지 않은 패러다임이라고 지젝은 지적한다. 그러한 한에서 바디우의

진리개념은 하나의 신학적-정치적 개념이다. 지젝,『주체의 까다로움』. Frankfurt a.M.: Suhrkamp 2001, 249쪽[국역본 296쪽 참조].

20. 바디우가 사건개념을 가지고 의미하는 바는 부분적으로 한나 아렌트 Hannah Arendt가 그녀의 텍스트「자유란 무엇인가?」Was ist Freiheit? (아렌트,『과거와 미래 사이』Zwischen Vergangenheit und Zukunft. München: Piper, 2000에 수록)에서 말하는 바를 가지고 설명된다. 자유란 바로 어떤 통제될 수 있는 사건이 아니다. 오히려 자유는 기적의 본성과 비슷하다. 아렌트는 다음과 같이 말한다. 자유는 "새로운 어떤 것을 시작하고 [……] 그것의 결과들을 통제하거나 예측할 수 없는"(같은 책, 165쪽) 역량 속에서 표현된다. 자유로운 행위는 "원인과 결과의 확실한 사슬을 가지고도 설명되지 않고 가능성과 현실성이라는 아리스토텔레스의 범주들로도 설명되지 않는 모든 실행 앞에 나타나는 무의 심연"(같은 곳)을 함축한다.

21. 이에 대해 엘리아스 호세 팔티Elias José Palti는 적절하게 다음과 같이 쓰고 있다. "하나의 사건은 인지될 수는 있지만, 결코 어떤 주어진 상황의 내부로부터 알려질 수는 없다. 이 주어진 상황을 내부로부터 알기 위해서는 그 상황을 넘어서는[초월하는] 것이 필요하다. 인지된 사건은 주어진 어떤 것으로서가 아니라 비동시성asynchrony으로서, 즉 역사 진화의 선형성을 뒤죽박죽으로 만드는 것으로서 상정된다. [……] 그것은 언제든지-나타나는-것이며, 끊임없이 우리를 따라다닌다[……]. 요컨대 지나간 사건은 단지 열려 있는 미래에 대한 알림일 뿐이며, 주어진 질서의 중심에 놓여 있는 공백의

흔적이고 [……] 동시에 그 질서 너머에 있는 것에 대한 표시이다. 그리스도교적 패러다임은 일반적 진행순서의 기본적 모체[매트릭스]를 제공한다. 그 패러다임 속에서 성 바울은 그가 아니었으면 단지 유대교의 한 이설로 남았을 수도 있을 예수의 메시지를 보편화하는 일에 개입하는 경우를 대변한다. 그 패러다임은 과거로 거슬러 올라가는 식으로 (그런 만큼 단지) 대수학적 논리를 넘어서는 한 사건으로서의 역사적 사실이 그 사건의 법칙, 따라서 두 번째 사건을 예고하는 법칙을 벗어난다는 점을 성립시킨다." 엘리아스 호세 팔티, 「후기구조주의자의 맑스주의와 '참사의 경험'. 알랭 바디우의 (비-)주체의 이론에 대하여」Poststructuralist Marxism and the 'Experience of the Disaster.', On Alain Badiou's Theory of the (Non-)Subject, 『유럽의 유산』The European Legacy, 8권, 4호(2004), 559-480쪽에 수록, 여기서는 467쪽.

22. 이러한 관점은 또한 이 사건에 대한 충실성의 중요성에 관한 추후 부가된 언급마저도 결국 무의미하게 될 정도로 바디우에 의해 강력하게 된다. 여기서 바디우는 진리에 "충실하게 되는"(바디우, 『바울』, 29쪽[국역본 32쪽 참조]) 필연성에 관해 말하는데, "왜냐하면 진리는 하나의 과정이지 밝혀줌[계시]이 아니기 때문이다."(같은 책, 30쪽[국역본 34쪽 참조]) 그렇지만 그의 이론은 결국 그 반대를 말한다. 또한 충실성은 진리사건을 후험적으로 증명할 필요도 없다.

23. "바울의 기획은 하나의 보편적 구원논리가 사유를 코스모스에 결부시키는 법률[율법]이든 한 예외적 선택의 규칙들을 제시하는 법률이

든 어떠한 법률과도 화합하지 못한다는 것을 보여주는 데에 있다. 출발점은 전체일 수 없으며 마찬가지로 전체의 한 예외일 수도 없다. [……] 사람들은 비코스모스적이고 불법적이며 어떠한 총체성에도 편입되지 않고 어떠한 표징도 아닌 사건 그 자체로부터 출발해야만 한다."(바디우, 『바울』, 81쪽[국역본 85쪽 참조])

24. 도미니크 호엔스와 에드 플루트는 바디우의 "사건"événement의 전개에 대한 라캉의 영향을 지적한다. 그때 그들은 특히 1945년도의 라캉의 한 논문(「논리적 시간과 예기된 확실성의 주장 ─ 하나의 새로운 궤변」Le temps logique et l'assertion de certitude anticipée ‒ Un nouveau sophisme)을 해석한다. 호엔스/플루트, 「만약 타자가 어리석다면? 바디우와 라캉의 영향」What if the Other is stupid? Badiou and Lacan on the Act, 피터 홀워드Peter Hallward(편집), 『다시 생각하라. 알랭 바디우와 철학의 미래』Think Again: Alain Badiou and the Future of Philosophy, London: Continuum 2004에 수록, 182~190쪽 참조.

25. 『존재와 사건』에서 파스칼은 그리스도교적 주체[주관]성에 대한 능변의 대표자로서 나타난다. 근대의 학문적 회의주의에 직면하여 파스칼은 그리스도에 대한 모든 현세적 관계를 제거하고 주체[주관]성의 체험에 기인하는 신앙을 확립한다. 이에 대해서는 바디우, 『정치는 사유될 수 있는가?』Peut-on penser la politique?, 파리: Seuil 1985, 87쪽도 참조.

26. 앤드류 무어Andrew Moore, 『실재론과 그리스도교 신앙. 신, 문법

그리고 의미』*Realism and Christian Faith. God, Grammer, and Meaning*, Cambridge: Cambridge Univerisity Press, 2003, 24쪽 참조.

27. 칼 뢰비트Karl Löwith, 『그리스도교 비판』*Kritik der christlichen Religion*, 같은 저자, 전집Sämtliche Schriften, 3권, Stuttgart: Metzler Verlag 1985에 수록, 142쪽 이하 참조.

28. 같은 책, 142쪽 이하.

29. 쇠렌 키르케고르Sören Kierkegaard, 『철학적 단편들. 최종의 비학문적 소식』*Philosophische Brocken. Abschließende unwissenschaftliche Nachricht*, 제1부Erster Teil, Jena: Eugen Diederichs Verlag 1910, 118쪽. [국역본: 『철학적 조각들』, 황필호 편역, 집문당, 1998 참조]

30. 『존재와 사건』이란 저작 외에도 『과도적 존재론에 대한 짧은 논고 *Court traité d'ontologie transitoire*』, Paris: Seuil 1998과 같은 텍스트들과 「형언할 수 없는 지점에서의 철학과 시」Philosophie et poésie au point de l'innommable라는 논문(『Po&sie』, 64호, 1993, 88~96쪽)도 중요하다. 이 저작들 속에 바디우는 게오르크 칸토어의 수학에 근거지어진 자신의 존재론을 결부시킨다.

31. 이에 대해서는 안드레아스 헤첼Andreas Hetzel, 「진리사건으로서의 정치. 알랭 바디우」Politik als Wahrheitsereignis. Alain Badiou, A. 헤첼과 다른 이(편집), 『정치적인 것의 귀환』*Die Rückkehr des Politischen*, Darmstadt: Wissenschaftliche Buchgesellschaft, 2004에 수록, 211~229쪽, 특히 222쪽 이하 참조. 바디우에게서의 정치의 문제에 대해서는 또한 그의 저술 『메타정치에 대하여』*Über Metapolitik*, Berlin: diaph-

anes 2003도 참조.

32. 제임스 잉그램James D. Ingram은 바디우에 대한 자신의 논문에서 진리사건이 하나의 "순전한 결단주의decisionism"인지의 물음을 제기한다. 그러나 그 물음은 잉그램의 상론의 경과 속에서 유감스럽게도 심도 있게 해명되지 않는다. 제임스 잉그램, 「보편주의는 여전히 근본[급진]적일 수 있는가? 알랭 바디우의 진리의 정치」Can Universalism Still Be Radical? Alain Badiou's Politics of Truth, 『Constellations』, 12권, 4호(2005)에 수록, 561-573쪽 참조.

33. 바디우는 파시즘이 하나의 허위-사회주의 혁명이었다는 맑스주의적 테제를 넘겨받는다. 그는 다음과 같이 쓰고 있다. "한 사건에 대한 충실성과 달리 하나의 망상에 대한 충실성은 [……] 보편성과의 관계 속에서가 아니라, ('독일인들'이나 '아리아인들' 같은) 어떤 추상적 전체Ensemble라는 닫힌 특수성과의 관계 속에서 그 충실성의 파기를 규제한다."(바디우, 『윤리학』, 미주 10번과 같음, 98쪽[국역본 91쪽 참조]) 지젝은 바디우를 계속 사유하면서 이 테제를 소개하고 그에 대해 다음과 같은 주석을 덧붙인다. "국가사회주의[나치즘]는 허위 사건이었으며 10월 혁명은 참된 사건이었다. 왜냐하면 이 10월 혁명은 자본주의적 질서의 토대들에 관계하였고 이 토대들을 또한 실제로 무력하게 만들었던 반면에, 국가사회주의는 이 자본주의적 질서를 구출하기 위해 허위 사건을 무대에 올렸기 때문이다." (지젝, 『주체의 까다로움』, 미주 19번과 같음, 188쪽[국역본 224쪽 이하 참조]) 지젝은 결국 국가사회주의가 "계급투쟁의 트라우마"를

인정하려 하지 않았다고 하며, 그래서 단지 시뮬라크룸Simulakrum, 따라서 한 사건의 망상일 뿐이라고 한다. 말하자면 지젝에게 문제가 되는 것은 그 두 사건의 내속적인 질적 차이가 아니다. 오히려 차이는 사건이 "상황에 관계하는 방식과 방법"(같은 책, 190쪽[국역본 227쪽 참조])에 관한 것이다. 10월 혁명이 소유관계의 근본적 전도 속에서의 자본주의적 질서와 단절하는 반면에, 지젝에게 국가사회주의는 단지 하나의 "미화하는 연극, 즉 [······] 하나의 치장된 사건"(같은 책, 188쪽[국역본 225쪽 참조])일 뿐이다. 그렇지만 의구심들은 계속 남아 있다. 국가사회주의의 사건적인 것das Ereignishafte과 국가사회주의의 '총동원'의 기획을 단지 시뮬라크룸[망상]으로서만 묘사하는 것은 의심스럽다. 그래서 만약 에른스트 윙어Ernst Jünger, 고트프리트 벤Gottfried Benn, 칼 슈미트Carl Schmitt 그리고 마르틴 하이데거와 같은 지성인들이 국가사회주의에 잠시 유혹 당했었던 것이라면, 그것은 또한 분명 ─ 예를 들어 윙어가 자신의 저술 『노동자』Der Arbeiter에서 명확히 보여 주었듯이 ─ 그 배후에 많은 것들이 단지 하나의 미학적 연극으로서가 아니라, 오히려 하나의 '세계기획'으로 간주되었었기 때문이기도 하다. 지젝의 논변에서 의심스러운 점은 오로지 기존의 존재-질서(여기서는 소유관계들)와의 소위 근본적 단절만이 예를 들어 윤리적 원리들과도 결부된 사건의 전환에 관한 문제를 부차적인 것이 되게 하며, 따라서 더 이상 "선과 악"이 전혀 논의될 수 없다고 하는 점이다. 그러나 반면에 나중에 10월 혁명의 이름으로 저질러졌던 만행들도 역시 상대화되지 않는가? 실제로 한 시대의 존재구조와의 단절로서 하나의 사건은 또한 도덕적 가치평가의 표준도 무력화할 수 있는가? 이 물음들이 진지하게 받아들여진다면, 사건에 대한 지젝과 바디우의 옹호 뒤에는 또한 자연의 원초적 힘들의 생기론Vitalismus에 대한 니체에 경도된 한 변론이 숨겨져 있다는 점이 알려진다.

34. 이에 대해서는 게하르트 마이Gehard May(편집), 『마르키온과 그의 교회사적 영향』Marcion und seine kirchengeschichtliche Wirkung, Berlin/New York: de Gruyter, 2002 참조.

35. 야콥 타우베스Jacob Taubes, 『바울의 정치신학』Die Politische Theologie des Paulus. 알라이다 아스만과 얀 아스만Aleida und Jan Assmann 편집, München: Wilhelm Fink 2003 (제3판), 83쪽[국역본: 같은 제목, 조효원 옮김, 그린비, 2012, 참조].

36. 이에 대해서는 샌더스E. P. Sanders의 모범저작 『바울과 팔레스타인의 유대교』Paul and Palestinian Judaism(Fortress Press 1977), 또한 로이드 가스통Lloyd Gaston, 『바울과 토라』Paul and the Torah(Vancouver: University of British Columbia Press, 1987) 참조. 최근의 것으로는 존 게이저John Gager의 책 『바울 재발명』Reinventing Paul(Oxford and New York: Oxford University Press, 2000)이 있다. 이 책에서 저자는 바울의 이교도-선교에 대한 각각의 맥락 속에 있는 바울의 반-유대교적 주석들을 제시한다.

37. 바디우에게 진리는 우리로 하여금 시간이 전혀 존재하지 않는다고 믿도록 하는 계기이다. 진리는 시간을 거의 잊게 한다. 이에 대해서는

알랭 바디우, 『질 들뢰즈: "존재의 외침"』Gilles Deleuze: "La clameur de l'etre". Paris: Hachette, 1997, 97쪽[국역본: 『들뢰즈-존재의 함성』, 박정태 옮김, 이학사, 2001, 149쪽 전후 참조]에 수록된 바디우의 논평들 참조.

38. 지젝, 『주체의 까다로움』(미주 19번과 같음), 219쪽[국역본 261쪽 이하 참조].
39. 아감벤, 『남아 있는 시간』(미주 5번과 같음).
40. 큰 플리니우스Plinius der Ältere에 의하면, 알렉산더 대왕Alexander der Große의 좋아하는 화가인 아펠레스의 생애에 대한 서술 속에 이러한 그림시합의 이야기가 있다. 아펠레스는 프로토게네스Protogenes를 만나러 그의 아틀리에를 방문하지만, 그려지지 않은 한 화판만 발견한다. 그는 방문한 것을 알리기 위해 말하자면 명함처럼 그 화판 위에 맨손으로 그린 한 미세한 선 —— linea summae tenuitatis —— 을 남긴다. 프로토게네스가 돌아온 후에 그는 이 선 안에 또 하나의 더 미세한 선을 그린다. 마침내 아펠레스가 다시 와서 다른 그 두 선을 분할하는 제3의 한 선을 그린다. (플리니우스 세쿤두스Plinius Secundus, 『자연사』Naturgeschichte(Naturalis Historiae), 라틴어-독어본, 35권: 색채 Farben, 회화Malerei, 조형Plastik, 제2 개정판, 로데리히 쾨니히 Roderich König 편집 및 번역. Düsseldorf/ Zürich: Artemis & Winkler 1997, 69쪽 참조.)
41. 이러한 의미에서 아감벤은 『문학』Literaturen이라는 잡지와의 한 인터뷰에서 다음과 같이 말한다: "나는 어떻게 한 민족Volk이 '잔여'로서

생각될 수 있는지, 즉 어떤 실체적인 것으로서도 아니고, 또한 현재 우리의 민주주의적 전통의 의미에서도 아니고, 따라서 다수 및 소수와 관계하는 어떤 것으로서가 아니라, 항상 남아 있는 어떤 것으로서 생각될 수 있는지에 대해 숙고하기 시작했다. 항상 남아 있는 그 어떤 것과 더불어 사람들은 다수와 소수의 대립에서 벗어난다. 왜냐하면 이 대립도 역시 하나의 잔여를 남길 것이고 이 '잔여'는 정치적 구상개념으로서의 민족일 것이기 때문이다. 나는 민족을 [······] 결코 한 위치Position에 귀속될 수 없는 어떤 것으로 생각한다. 그에 따라 실제의 정치적 주체는 언제나 '잔여'이다. [······] 민족적 동일[정체]성 같은 어떤 것은 있을 수 없다. 왜냐하면 언제나 하나의 잔여가 남아 있기 때문이다." (『문학』*Literaturen* 2001, Friedrich Berlin Verlag 편집) http://www.literaturen.de/best01.html.

42. 다니엘 보야린Daniel Boyarin은 자신의 책 『한 근본적 유대인』*A Radical Jew*에서 하나의 국가이데올로기가 되어버릴 위험이 있는 이스라엘의 유대교에 대해 동일한 비판을 행한다. 다니엘 보야린, 『한 근본적 유대인. 바울 그리고 동일성의 정치』*A Radical Jew. Paul and the Politics of Identity*. Berkeley: University of California Press, 1994 참조.

43. 이에 대해 피터 홀워드Peter Hallward는 다음과 같이 적절하게 적고 있다. "바디우의 주체는 현재에 의해 완전히 삼투된 하나의 시간, 즉 약속이나 상속 또는 비축이 없는 시간 속에 살고 있다. 하이데거에게 시간성은 도덕성에 의해 접합된 최고로 내밀한 관계 속에 있는

진정한 주체의 그야말로 매개물medium이었던 반면에, 바디우에게 시간성은 정확히 도덕성에 대한 진리의 무관심indifference에 의해 파열된 관계 속에 있는 주체를 위한 단지 하나의 외부적 '환경'일 뿐이다. 바디우[에게……] 시간은 현재라는 불연속과 관련해서만 순수하다. (피터 홀워드, 『바디우—— 진리를 향한 한 주체』*A Subject to Truth*. Mineapolis/London: University of Minneasota Press 2003, 158쪽 참조.)

44. 바디우에게 진리는 우리로 하여금 시간이 전혀 존재하지 않는다고 믿도록 하는 계기이다. 진리는 시간을 거의 잊게 한다. 이에 대해서는 『질 들뢰즈』(미주 37번과 같음), 97쪽[국역본 149쪽]에 수록된 바디우의 논평들 참조.

45. 지젝, 『주체의 까다로움』(미주 19번과 같음), 219쪽[국역본 261쪽] 참조.

46. 아감벤은 기욤의 『시간과 동사』*Temps et verbe*라는 저작 속에 요약된 1929년과 1945년의 기욤의 두 연구들에 대한 자신의 해석에 관계하고 있다. 귀스타브 기욤Gustav Guillaume, 『시간과 동사. 관점, 양태 그리고 시간의 이론』*Temps et verbe. Théorie des aspects, des modes et des temps*. Paris: H. Champion, 1929 참조.

47. 조르조 아감벤, 『아우슈비츠로부터 남은 것』*Was von Auschwitz bleibt*. Frankfurt a.M.: Suhrkamp, 2003, 45쪽[국역본: 『아우슈비츠의 남은 자들 —— 문서고와 증인들』, 정문영 옮김, 새물결, 2012, 80쪽 이하 참조]

48. "만약 [……] 우리가 레비나스적 '얼굴'에다 그 모든 기괴함을 되돌려 놓는다면, 즉 얼굴은 '인간 얼굴'의 눈부신 현현이라는 하나의 조화로운 전체가 아니라면, 다시 말해 얼굴은 우리가 기괴하게 일그러진 얼굴, 즉 혐오스러운 틱tic이나 찡그린 표정grimace을 하고 있는 얼굴, 말하자면 [……] '자신의 얼굴을 잃은' 얼굴을 마주칠 때 우리가 어렴풋이 알아차리게 되는 어떤 것이라면, 그것은 무엇을 말하는가?" (슬라보예 지젝, 「이웃들과 그 밖의 괴물들」Neighbor and Other Monsters, 지젝/샌트너/레이너드[라인하르트](편집), 『이웃. 정치신학에 관한 세 가지 탐구』The Neighbor. Three Inquiries in Political Theology, Chicago and London: Chicago University Press, 2005에 수록, 162쪽 참조[국역본: 『이웃』, 정혁현 옮김, 도서출판 b, 2010, 258쪽 참조].)
49. 지젝은 레비나스의 타자성의 철학에 대한 자신의 비판에서 무젤만의 예를 넘겨받는다. 프리모 레비Primo Levi에 의해 기술된 무젤만의 "얼굴 없는 현전"은 사람들이 타자를 직면하여 더 이상 곧바로 타자성의 심연을 인식할 수 없다는 점을 보여준다. 무젤만은 얼굴 없는 인간이다. 지젝은 다음과 같이 기술한다. "이것이 왜 무젤만의 형태가 레비나스의 한계를 [……] 나타내는지의 이유이다. 무젤만과 마주쳤을 때, 사람들은 우리의 책무에 대한 무한한 요청으로 우리에게 말을 걸고 있는 그/그녀의 상처받기 쉬움vulnerability 속에 있는 타자의 심연의 흔적을 그의 얼굴에서 알아차릴 수 없다. 그 대신에 사람들이 깨닫는 것은 일종의 창문 없는 벽과 바닥없음이다." 지젝,

「이웃들과 그 밖의 괴물들」Neigbors and Other Monsters(미주 48번과 같음), 161쪽 참조[국역본 257쪽 참조].

50. 질 들뢰즈Gilles Deleuze, 「통제와 생성」Kontrolle und Werden, 같은 저자,『협상 1972-1990』Unterhandlungen 1972~1990. Frankfurt a. M.: Suhrkamp 1993에 수록, 243쪽 이하[국역본:『대담 1972-1990』, 김종오 옮김, 솔, 1993, 1994 참조].

51. 이에 대해서는 프리드리히 발케Friedrich Balke의 논문「법률과 판결」Gesetz und Urteil에서의 그의 적절한 상론들을 참조할 것. 요셉 포겔Joseph Vogel(편집),『법률과 판결. 정치적인 것의 한 이론을 위한 기고』Gesetz und Urteil. Beiträge zu einer Theorie des Politischen. Weimar: Verlag und Datenbank für Geisteswissenschaft, 36쪽 이하.

52. 칼 슈미트Carl Schimitt,『법률과 판결. 법실천의 문제에 대한 하나의 연구』Gesetz und Urteil. Eine Untersuchung zum Problem der Rechtspraxis, München, 1969[1912]), 93쪽.

53. 프리드리히 발케,「법률과 판결」Gesetz und Urteil(미주 51번과 같음), 40쪽.

54. 같은 책, 41쪽.

55. 같은 책, 42쪽.

56. 같은 책, 43쪽.

57. 발터 벤야민Walter Benjamin/게르숌 숄렘Gershom Scholem,『서신교환』Briefwechsel. Frankfurt a. M.: Suhrkamp, 1980, 272쪽.

58. 조르조 아감벤,『도래하는 공동체』Die kommende Gemeinschaft.

Berlin: Merve Verlag, 2003, 44쪽[국역본 66쪽 참조].
59. 마르틴 하이데거Martin Heidegger, 『촐리콘 세미나. 프로토콜들―― 대화들―― 서신들』Zollikoner Seminare. Protokolle―― Gespräche ―― Briefe. 메다르트 보스Medard Boss 편집, Frankfurt a. M.: Klostermann, 1987, 4쪽.
60. 이 생각을 나는 아직까지는 출판되지 않은 로베르트 부흐Robert Buch의 한 논문「보기의 불가능성 보기」Seeing the Impossibility of Seeing에서 빌려온다.
61. 라드 보리슬라보프Rad Borislavov,「아감벤, 존재론 그리고 구성적 힘[권력]」Agamben, Ontology and Constituent Power 참조. 『논쟁』 Debatte, 13권 2호, 2005, 173-184쪽에 수록, 여기서는 284쪽.
62. 임마누엘 칸트Immanuel Kant, 『실천이성비판』Kritik der praktischen Vernunft. 12권 저작집, 7권, 빌헬름 바이세델Wilhelm Weischedel 편집, Frankfurt a.M: Suhrkamp, 1977, 282쪽[국역본: 『실천이성비판』, 백종현 옮김, 아카넷, 2002, 302쪽 참조].
63. 같은 책, 282쪽.
64. 슬라보예 지젝, 『인형과 난쟁이. 도착과 전복 사이의 그리스도교』Die Puppe und der Zwerg. Das Christentum zwischen Perversion and Subversion. N. 슈나이더N. Schneider 옮김, Frankfurt a. M.: Suhrkamp, 2003, 영어판: 『인형과 난쟁이. 그리스도교의 도착적 핵심』The Puppet and the Dwarf. The Perverse Core of Christianity. Cambridge Massachusets: MIT-Press, 2003.

65. 여기서 지젝은 빌립보서 2장 7절에 관련될 수 있다. 케노세에 대한 이러한 이해는 체스터턴Chesterton과 함께 비로소 등장하는 것이 아니라, 이미 윌리엄 블레이크William Blake의 시 작품 속에서 나타난다 (「천국과 지옥의 결혼」The Marriage of Heaven and Hell., 1793). 마찬가지로 지아니 바티모Gianni Vattimo는 신의 죽음이라는 개념을 자신의 후기 저작 속에 통합하는 현재의 철학자이다. 지아니 바티모, 『그리스도교의 피안』Jenseits des Christentums. München/Wien: Hanser Verlag 2004 참조.
66. 지젝, 「정신분석과 후기-맑스주의 —— 알랭 바디우의 경우」 Psychoanalysis and Post-Marxism – The Case of Alain Badiou 참조. 『계간 남대서양』South Atlantic Quarterly, 97권 2호(1998)에 수록.
67. 슬라보예 지젝, 「권력의 수사학」The Rhetorics of Power, 『진단』diacritics, 31권 1호(2001), 91-104쪽에 수록, 여기서는 101쪽.
68. 테르툴리아누스Tertullian, 『마르키온에 대하여』Adversus Marcionem 참조(윙엘Jüngel, 『세계의 비밀로서의 신』Gott als Geheimnis der Welt. Tübingen: Mohr Siebeck 1977, 85쪽에 따라 인용).
69. 아타나시우스Athanasius, 『아리아노스에 반대하여 III』Contra Arianos III, 윙엘, 『세계의 비밀로서의 신』, 86쪽에 따라 인용.
70. 지젝은 자신의 책 『실재의 사막으로의 환영』Welcome to the Desert of the Real(London: Verso 2002)[국역본:『실재의 사막에 오신 것을 환영합니다』, 이현우, 김희진 옮김, 자음과 모음, 2011]에서 "사회적 배제의 경계를 [서서히] 제거하며, 배제된 행위자들agents(성적, 민

족적 소수자들)에게 주변 공간을 마련해 줌으로써 힘을 실어주는" "[……]미국의 '급진적' 학계의"(101쪽[국역본 142쪽 이하 참조]) (아감벤과 그 밖의 다른 이들의)노력을 기술한다. 지젝은 이러한 태도를 의심스러운 것으로 여겨 거부한다. 왜냐하면 그러한 태도는 끊임없는 배치의 진행을 위해 진리물음을 바꿔버리기 때문이다. "따라서 급진적 정치는 끝없이 조롱하는 패러디와 선동이 되며, 최종적 승리들과 최후의 한계설정들도 없는 [……] 재확인의 점진적 과정이 된다."(101쪽[국역본 143쪽 참조]) 그에 반대하여 그는 (반어적으로?) 단두대에 대한 체스터턴의 옹호를 내세운다. 그 단두대가 혁명가에게는 참과 거짓 사이의 명료한 경계를 표시한다고 한다.

71. 이에 대해서는 또한 지젝, 『그들은 그들이 무엇을 하는지 알지 못하나이다. 하나의 정치적 요인으로서의 향유』*For They Know Not What They Do. Enjoyment as a Political Factor*. London: Verso, 1991, 46쪽도 참조[국역본: 『그들은 자기가 하는 일을 알지 못하나이다』, 박정수 옮김, 인간사랑, 2004 참조]. 거기서 지젝은 보편적인 것은 바로 개별적인 것 속에 그 장소가 정해질 수 있다는 생각을 표현한다. 보편적인 것은 "언제나-이미 그것 자체의 부분이며, 그 자신의 요소들 안에 포함되어" 있다.(46쪽) 지젝은 어느 정도로 개별적인 것이 보편적인 것을 규정하는지를 보여주기 위해 자신의 저작의 여러 곳에서 개별적인 것과 보편적인 것의 상호작용관계로 되돌아온다. 예를 들어 미국의 필름 느와르*Film noir*에 대한 지젝의 해석이 있는데, 그 필름

느와르는 그것의 생성시기에는 전혀 영화유파로서 존재하지 않았다는 것이다. 프랑스의 영화비평가들의 추후의 해석이 비로소 개별 영화들로부터 미국의 필름 느와르라는 보편적 개념구상을 전개하였다는 것이다. 지젝은 다음과 같이 기술한다. "존재하지 않는 영화장르를 분석하는 하나의 존재하지 않는 이론적 입장"이 사-후après-coup의 한 구성으로서 보편적인 것에 대한 유일하게 참된 이해를 대변한다. (지젝, 『우연성, 헤게모니, 보편성: 좌파에 대한 현재적 대화들』Contingency, Hegemony, Universality: Contemporary Dialogues on the Left. 쥬디스 버틀러Judith Butler와 에르네스토 라클라우Ernesto Laclau 편집London/New York: Verso, 2000, 240쪽 참조[국역본: 같은 제목, 박대진·박미선 옮김, 도서출판 b, 2009, 333쪽].) 마찬가지로 프로이트의 개별 환자들에 대한 분석은 정신분석이론에서의 보편적 통찰들을 전개하는 데로 인도하였다.(같은 책, 240쪽[국역본 333쪽 참조]) 단지 개별적인 것에 의해서만 보편적인 것이 생각될 수 있다.
72. 슬라보예 지젝, 『주체의 까다로움』.(미주 19번과 같음)
73. 『철학과 성서 저널』Journal of Philosophy and Scripture, 1권 2호 (2004), 1-7쪽, 여기서는 1쪽 참조.
74. 지젝의 책, 『누군가 전체주의를 말했다고? 개념의 (오)사용에 대한 네 가지 조정』Did Someone Say Totalitarianism? Four Interventions in the (Mis)use of a Notion. London: Verso 2002[국역본: 『전체주의가 어쨌다구?』, 한보희 옮김, 새물결, 2008] 참조.
75. 지젝은 극동의 정신성Spiritualität에 대한 이러한 수용이 반드시 근대

적 소외의 전환이라는 바랐던 결과와 —— 외부세계와 조화로운 —— 내면으로의 복귀를 이끄는 것이 아니라, 오히려 거기에는 내면성, 개성Personalität, 주체성이 작동하고 있다는 점을 환기시킨다. 이러한 생각을 명백히 하기 위해 지젝은 감추지 않는 멸시의 태도로 "서구적 불교"라고 부르는 것에다 일본에서 20세기 전반에 산업적 및 군국주의적 팽창추구의 맥락 속에서 전개되었던 것과 같은 선禪의 군국주의적 변형을 대비시킨다. 말하자면 그는 언젠가는 주체가 선禪-군대에 의해 선동되어 내외적 갈등들로부터 정신적으로 벗어남이 현재의 현대적 글로벌화라는 배경 앞에서 "서구 불교"의 현대적 변형을 이루는 것과 유사하게 문제없이 팽창정치 속으로 통합될 것이라고 지적함으로써 그렇게 대비시킨다. 결과는 그중에서도 특히 그리스도교 정교Orthodoxie에 대한 권태로 인해 개조된 "서구적 불교"는 글로벌화된 시장경제라는 주입된 이데올로기로서 입증된다는 것이다. 지젝은 다음과 같이 말한다. "만약 외적 현실이 단지 하나의 일시적 현상이라면, 가장 끔찍한 범죄마저도 결국은 대수롭지 않게 된다."(『인형과 난쟁이』, 36쪽[국역본『죽은 신을 위하여』, 55쪽 참조]) 그의 논변의 열의 속에서 사람들은 때때로 다음과 같은 인상을 받는다. 즉 지젝은 바로 그 자신이 실로 명백히 일반화 Pauschalisierung의 정념Pathos 속에서 글을 쓴다는 사실을 통해 일반화한다는 비난으로부터 벗어나려 한다는 것이다. 그렇게 그는 매우 일반적으로 그리고 "서구적 불교"에 대한 숨길 수 없는 혐오감을 갖고서 그때 문제가 되는 것은 명료하게 규정된 극동의 정신성에 대한 학습이라고 말한다.

76. 슬라보예 지젝, 『부정적인 것과 함께 머물기』 Tarrying with the Negative, Durham: Duke University Press, 1993, 128쪽 참조[국역본: 같은 제목, 이성민 옮김, 도서출판 b, 2007]. "[……]자기-의식은 자기-투명성의 정반대이다. 나에 대한 진실truth이 분명히 표현되는 한 장소가 나의 외부에 존재하는 한에서만 나는 나 자신을 의식하게 된다."(같은 책, 67쪽[국역본 132쪽 참조]) 나에 대한 진실은 그 어떤 앎 속이 아니라 나와 세계 사이에서 실패한 교환 속에 놓여 있다.
77. 슬라보예 지젝, 『누군가 전체주의를 말했다고?』(미주 74번과 같음), 14쪽[국역본 33쪽 참조].
78. 쇠렌 키르케고르, 『두려움과 떨림』 Furcht und Zittern, 같은 저자, 『저작집』 Gesammelte Werke. 제4부, 엠마누엘 히르쉬Emmanuel Hirsch와 다른 이(편집), Düsseldorf/Köln 1950-69에 수록, 87쪽[국역본: 『공포와 전율』, 임춘갑 옮김, 치우, 2011 참조].
79. 이로써 아브라함은 그리스 신화에서 살인자이자 동시에 구원자인 오이디푸스가 받아들이는 운명을 선취한다. 부친살해자이자 자신의 모친과의 동침자로서 그는 저주받은 자처럼 이리 저리 옮겨 다니지만, 그의 저주받음 때문에 콜로노스Kolonos에서 아테네와 테베Theben의 정치적 대표자들이 찾으려고 애쓰던 구원자가 된다.
80. 장-뤽 낭시, 『울타리 허물기. 그리스도교의 해체 1』 La Déclosion. Déconstruction du christianisme 1. Paris: Éditions Galilée, 2005.
81. 임마누엘 칸트, 「순수 실천이성의 한 요청으로서 영혼의 불멸성」 Die

Unsterblichkeit der Seele, als ein Postulat de reinen praktischen Vernunft, 같은 저자, 『실천이성비판』*Die Kritik der praktischen Vernunft*, 제1편, 2권, 2장 4절[국역본: 같은 제목, 백종현 옮김, 259쪽 참조].

82. 같은 책, 6절[국역본 275쪽 참조].
83. 쇠렌 키르케고르, 『그리스도교에서의 훈련』*Einübung im Christentum*. Düsseldorf/Köln: Diedrichs, 1962, 115쪽[국역본: 『그리스도교의 훈련』, 임춘갑 옮김, 다산글방, 2005 참조].
84. 쇠렌 키르케고르, 『일기장들』*Tagebücher*. 4권, Düsseldorf/Köln: Diedrichs 1970, 186쪽.
85. 도미니크 호엔스와 에드 플루트, 「오래된 문제를 기술하는 하나의 새로운 방법?」A New Way of Writing an old Problem?, 루크 터스톤 Luke Thurston(편집), 『징후의 재-발명』*Re-Invention the Symptom*. New York: Other Press, 2002, 8-9쪽.
86. 지젝은 다음과 같이 말한다. "헤겔이 역설하는 것처럼 그리스도의 죽음을 신과 인간 사이의 맞바꿈 속에서의 희생적 제스처로 환원시키는 것−신이 자신에게 가장 귀중한 것, 즉 자신의 아들을 희생시킴으로써 인류를 구속, 즉 인류의 죄를 속량한다고 주장하는 것은 완전히 오독이다. 만약 우리가 이 전통적 입장을 채택한다면, 곧바로 다음과 같은 물음이 제기된다. 누구를 위하여 —— 자기 자신 위에 어떤 권위를 위해 —— 신 자신은 자신의 아들을 희생시키도록 강요되었는가?" (지젝, 『무너지기 쉬운 절대. 왜 그리스도교적 유산은 투쟁할 가치가 있는가』*The Fragile Absolute. Or why is the Christian*

Legacy Worth Fighting for. London: Verso, 2001, 157쪽[국역본 230쪽 참조].

87. 지젝,『무너지기 쉬운 절대』(미주 86번과 같음), 160쪽[국역본 233쪽 참조].
88. 렉스 버틀러Rex Butler,『슬라보예 지젝 ― 안내를 위하여』*Slavoj Zizek - Zur Einführung*. Hamburg: Junius Verlag, 2005, 170쪽.
89. 그런데 지젝은 여기서 바디우와 유사하게 예수-그리스도를 그리스도교적 교설의 맥락으로부터 완전히 벗어나게 하는 실수를 범하고 있지 않은가? 그래서 바디우에 대한 장에서 개진한 비판들은 지젝 자신에게도 해당한다. 그리스도교적 신의 [표]상을 단지 케노세로부터만 도출하는 것은 이웃사랑, 원수사랑, 그리고 내쫓긴 자들에 대한 사랑에 관해 어떤 이해로부터 그리스도교의 신이 자신을 "희생하는"지를 전혀 더 이상 파악하지 못하게 만든다.
90. "실재는 상징적인 것에 대해 외부적이지 않다. 즉 실재는 외부적 한계/예외 없는 비-전부의 양태 속에서의 상징적인 것 그 자체이다."(지젝,『인형과 난쟁이』, 미주 64번과 같음, 69쪽[국역본 115쪽 참조])
91. 그리스도교로부터 신을 거의 쫓아내는 지젝의 이러한 해석 앞에서 어떻게 그가 그리스도교를 맑스주의와 더불어 비교관계 속에 놓을 수 있는지가 이해된다.
92. 아니면 혹시 지젝은 그것을 믿고 있는 것인가?
93. 지젝,『인형과 난쟁이』(미주 64번과 같음), 138쪽[국역본 224쪽 참

조].

94. 같은 책, 139쪽[국역본 224쪽 참조].

95. 피터 윤석 백Peter Yoonsuk Paik, 「재무장한 비관주의자: 지젝, 그리스도교와 혁명에 관하여」The Pessimist Rearmed: Žižek on Christianity and Revolution, 『Theory & Event』, 8권, 2호(2005)에 수록, 여기서는 제3절에서.

96. 이러한 부족의 한 이유는 본래 "그리스도교적 저술가"의 범주가 존재하지 않는다는 것이다. 그리스도교는 신앙에 기인하고, 믿지 않는 이는 엄밀히 말해 그가 세례를 받았든 그렇지 않든 상관없이 그리스도교인이 아니다. 그러나 할례를 받은 이나 유대인 어머니를 가진 이는 유대 민족에 귀속된다.

97. 이 테제는 프란츠 로젠츠바이크(『구원의 별』Stern der Erlösung), 다니엘 보야린(『한 근본적 유대인』)의 저술들에 나타나 있으며, 제한적으로 또한 데리다와 레비나스에게서도 나타난다.

98. 에릭 샌트너, 「기적은 일어난다: 벤야민, 로젠츠바이크, 프로이트 그리고 이웃의 문제」, 지젝/샌트너/레이너드[라인하르트](편집), 『이웃. 정치신학에 관한 세 가지 탐구』The Neighbor. Three Inquires in Political Theology. Chicago/London: University of Chicago Press, 2005에 수록, 76-134쪽[국역본: 정혁현 옮김, 『이웃』, 도서출판 b, 2010, 121-211쪽].

99. 같은 책, 124쪽[국역본 196쪽 참조].

100. 같은 책, 124쪽[국역본 197쪽].

101. 에릭 샌트너, 『일상생활의 심리신학. 프로이트와 로젠츠바이크에 대한 반성들』The Psychotheology of Everday Life. Reflections on Freud and Rosenzweig. Chicago/London: University of Chicago Press, 2001.
102. 이 자리에서 나는 편지를 통해 나에게 이러한 사실관계를 보다 자세하게 설명해 준 에릭 샌트너에게 감사한다.
103. 에릭 샌트너, 「기적은 일어난다」(미주 98번과 같음), 119쪽[국역본 188쪽].
104. 슬라보예 지젝, 『이데올로기의 숭고한 대상』The Sublime Object of Ideology, London/New York: Verso 1999, 113쪽[국역본 188쪽 참조].
105. 렉스 버틀러, 『슬라보예 지젝』, (미주 88번과 같음), 100쪽.
106. 같은 책, 100쪽.
107. 자크 라캉Jacques Lacan, 『종교의 승리』Der Triumph der Religion. 한스-디터 곤데크Hans-Dieter Gondek 옮김, Wien: Turia & Kant, 2006, 42쪽.
108. 칼 슈미트, 『정치신학』Politische Theologie, Berlin: Duncker & Humbolt, 1996[국역본: 같은 제목, 김항 옮김, 그린비, 2010] 참조.
109. 에릭 샌트너, 『내 자신만의 사적인 독일. 근대성에 대한 다니엘 파울 슈레버의 비밀 역사』My Own Private Germany. Daniel Paul Schreber's Secret History of Modernity. Princeton University Press, 1996 참조.
110. 슬라보예 지젝, 「이웃과 그 밖의 괴물들」Neighbors and Other

Monstoers 참조, 지젝/샌트너/레이너드[라인하르트] (편집), 『이웃』(미주 98번과 같음), 162쪽[국역본 258쪽 참조].
111. 지젝은 레비나스의 타자성의 철학에 대한 자신의 비판에서 무젤만의 예를 넘겨받는다. 프리모 레비Primo Levi에 의해 기술된 무젤만의 "얼굴 없는 현전"은 사람들이 타자를 직면하여 더 이상 곧바로 타자성의 심연을 인식할 수 없다는 점을 보여준다. 무젤만은 얼굴 없는 인간이다. 지젝은 다음과 같이 기술한다. "이것이 왜 무젤만의 형태가 레비나스의 한계를 [······] 나타내는지의 이유이다. 무젤만과 마주쳤을 때, 사람들은 우리의 책무에 대한 무한한 요청으로 우리에게 말을 걸고 있는 그/그녀의 상처받기 쉬움 속에 있는 타자의 심연의 흔적을 그의 얼굴에서 알아차릴 수 없다. 그 대신에 사람들이 깨닫는 것은 일종의 창문 없는 벽과 바닥없음이다."(지젝, 「이웃들과 그 밖의 괴물들」Neigbors and Other Monsters, 미주 98번과 같음, 161쪽 참조[국역본 257쪽 참조].)
112. 레지나 슈바르츠Regina M. Schwartz, 『카인의 저주. 유일신론의 폭력적 유산』The Curse of Cain. The Violent Legacy of Monotheism. Chicago: Univeristy of Chicago Press, 1997. 마찬가지로 얀 아스만Jan Assmann, 『이집트인 모세』Moses der Ägyter. München: Hanser Verlag, 2000[국역본: 같은 제목, 변학수 옮김, 그린비, 2010]도 참조.
113. 슬라보예 지젝, 『믿음에 대하여』On Belief. New York/London: Routledge, 2001, 125쪽[국역본 134쪽 참조].
114. 같은 책, 92쪽[국역본 97쪽 참조].

옮긴이 후기

　이 책을 처음 접했을 때 나에게는 생소하면서도 흥미로웠던 것은 사도 바울이 현대의 정치철학 속에 등장한다는 점이다. 그것은 바로 정치라는 공적인 장에 종교, 특히 그리스도교를 다시 소생시키는 일이기도 하다. 그렇다면 과연 현대의 정치 속에서 작동할 수 있는 종교는 어떤 의미에서의 종교이겠는가? 이 물음이 바로 이 책을 읽게 하는 이유이다. 이 책에서 다뤄지고 현대 정치철학 속에서 논쟁되는 바울-독해의 문제는 바로 서구세계의 자기이해에 대한, 그리고 도덕적 보편주의와 상대주의에 대한 문제와 관련되며, 특히 우리 시대에 있어 인간적 주체성의 조건들과 깊이 관계되어 있는 문제이다. 바로 이러한 문제들을 위해 이 책에 소환된 네 명의 철학자들의 논의를 저자가 어떻게 엮어 가는지를 관찰하는 것이 나와 독자들의 관심사일 것이다.

이 책의 저자 도미니크 핀켈데는 1970년 베를린에서 태어났으며, 현재 예수회 신부이고 또한 극작가이자 철학자이다. 그는 베를린, 뮌헨, 파리에서 철학과 신학 그리고 문예학Literaturwissenschaft을 수학하였고, 2003년 뮌헨의 철학대학Hochschule für Philosophie München에서 「벤야민은 프루스트를 읽는다. 모방론-언어이론-시학론」Benjamin liest Proust. Mimesislehre-Sprachtheorie-Poetologie 이라는 제목의 논문으로 철학박사 학위를 받았다. 그는 대학에서 수학하면서도 1996년에는 예수회에 입회하여 사제교육을 받기 시작하였고, 2009년에는 프라이부르크에서 사제서품을 받았다. 현재 그는 뮌헨의 철학대학에서 정치철학과 문화철학 담당 사강사Dozent이다. 이 책 외에 철학저술로는 『라캉과 헤겔 사이의 슬라보예 지젝. 정치철학, 메타심리학, 윤리학』Slavoj Žižek zwischen Lacan und Hegel. Politische Philosophie, Metapsychologie, Ethik, 2009가 있고, 극작품으로는 1998년 초연의 『저녁인사』Abendgruß, 1999년 초연의 『베를린의 지하』Berlin Underground, 2001년 초연의 『아틀란티스』Atlantis, 2002년 초연의 『도자기 배』Porzellanschiff, 2003년 초연의 『좋은 사람』Der Gutmensch, 2008년 초연의 『부차적인 것』Die Nebensächlichen이 있다.

이 책에서 핀켈데는 내가 서두에 언급한 문제들과 그 밖의 다른 문제들도 다루는 최근의 바울-해석들을 소개한다. 말하자면 바디우(『바울 — 보편주의의 정초』), 아감벤(『남아 있는 시간 — 로마서에 대한 하나의 주석』), 지젝(『인형과 난쟁이. 도착과 전복 사이의 그리스도교』), 그리고 샌트너(『일상생활의 심리신학. 프로이트와 로젠츠바이크에 대한 반성들』)의 바울-독해들이다. 바울을 읽는 상이한 방식들로 이뤄지는 논쟁의 중심에는 사도 바울이 차이철학의 입장(아감벤과 샌트너)을 취하고 있는지, 아니면 동일성철학의 입장을 취하고 있는지의 물음이 있다. 핀켈데는 섣불리 그러한 입장들의 다툼에 어떤 화해의 지점을 제시하려 하지 않고 이렇게 대립하는 해석의 관점들을 정밀하게 구성해 내고 있다. 그렇게 이 책은 바울의 신학을 둘러싼 네 명의 철학자들의 정치철학적 해석과 논변을 한 자리에서 담담하게 비교 관찰할 수 있는 편리함을 제공해 준다. 동시에 이 책은 저자의 약력으로 미루어 알 수 있듯이 가톨릭적 입장에서 쓰였지만, 단호히 무신론적 입장을 취하는 철학적 기획들도 똑같이 중요하게 다루고 있다.

이 흥미로운 책을 읽게 해주신 도서출판 b의 조기조 대표님과 이신철 선배님, 편집부의 백은주 선생님과 김장미 선생님께 감사드린다. 그리고 요사이 나의 유일한 철학적 대화의 상대자이자 스피노자 철학의 훌륭하고 정확한 안내자인 송상룡 선생은 본문에 인용된 낭시의 불어 원문을 탁월하게 우리말로 옮겨 주었을

뿐만 아니라 원고의 일부를 꼼꼼히 읽어주었으며 그 과정에서 번역의 많은 결함들을 발견케 해주었다. 그것을 통해 번역의 상당한 개선이 이뤄질 수 있었으며, 그런 그의 도움들로 인해 옮긴이는 큰 짐을 던 셈이었다. 그럼에도 불구하고 발견될 수 있는 번역의 결함들은 전적으로 옮긴이의 무지와 고집에 의한 것이다. 이 지면을 빌어 그에게 깊은 감사의 인사를 드린다.

그리고 마지막으로 지난여름에 먼저 세상을 뜬 나의 누이동생에게, 그야말로 어리석도록 순박하고 무해한 그리스도교 신앙을 가졌던 내 누이의 종말에 앞서 미처 하지 못한, 언제나 뒤늦을 수밖에 없는 작별의 인사를 이 책으로 대신 전한다.

2015년 3월 제주
오진석

한국어판 ⓒ 도서출판 b, 2015

지은이_ 도미니크 핀켈데(Dominik Finkelde)
1970년 베를린에서 태어났으며, 현재 예수회 신부이고 또한 극작가이자 철학자이다. 2003년 뮌헨 철학대학에서 철학박사 학위를 받았다. 2009년에는 프라이부르크에서 사제 서품을 받았다. 현재 뮌헨의 철학대학에서 정치철학과 문화철학 담당 사강사 Dozent이다. 저서로는 『라캉과 헤겔 사이의 슬라보예 지젝. 정치철학, 메타심리학, 윤리학』(2009)이 있다.

옮긴이_ 오진석
명지대학교 산업공학과를 졸업하고 건국대학교 철학과의 학부와 대학원에서 서양철학, 특히 칸트철학을 전공했다. 이후 독일의 뷔르츠부르크와 마르부르크에서 칸트철학, 특히 『판단력비판』을 중심으로 수학했다. 옮긴 책으로는 칸트의 『영원한 평화를 위하여』, 『속설에 대하여』, 『학부들의 논쟁』이 있다.

바리에테 신서 17
바울의 정치적 종말론

초판 1쇄 발행 2015년 04월 16일
    2쇄 발행 2023년 12월 12일

지은이 도미니크 핀켈데 | 옮긴이 오진석 | 펴낸이 조기조
펴낸곳 도서출판 b | 등록 2003년 2월 24일 (제2006-000054호)
주 소 08772 서울시 관악구 난곡로 288 남진빌딩 302호
전 화 02-6293-7070(대) | 팩시밀리 02-6293-8080
이메일 bbooks@naver.com | 홈페이지 b-book.co.kr

ISBN 978-89-91706-93-4 93230
값 20,000원

* 이 책 내용의 일부 또는 전부를 재사용하려면 저작권자와 도서출판 b 양측의 동의를 얻어야 합니다.
* 잘못된 책은 교환해드립니다.